- 上海市高峰高原学科建设上海师范大学中国史项目研究成果
- 教育部人文社会科学重点研究基地上海师范大学都市文化研究中心规划项目研究成果
- 国家社会科学基金重大项目（18AZD171）"古代中国乡村治理与社会秩序研究"中期成果之一

THE BAO-JIA SYSTEMS
IN THE MING DYNASTY

薛理禹　著

明代保甲制研究

中国社会科学出版社

图书在版编目（CIP）数据

明代保甲制研究／薛理禹著 . —北京：中国社会科学出版社，
2019.12（2020.7 重印）
ISBN 978 - 7 - 5203 - 5897 - 2

Ⅰ.①明… Ⅱ.①薛… Ⅲ.①保甲制度—研究—中国—
明代 Ⅳ.①D693.62

中国版本图书馆 CIP 数据核字（2020）第 021464 号

出 版 人	赵剑英
责任编辑	宋燕鹏
责任校对	沈丁晨
责任印制	李寡寡

出 版	中国社会科学出版社
社 址	北京鼓楼西大街甲 158 号
邮 编	100720
网 址	http://www.csspw.cn
发 行 部	010 - 84083685
门 市 部	010 - 84029450
经 销	新华书店及其他书店

印 刷	北京明恒达印务有限公司
装 订	廊坊市广阳区广增装订厂
版 次	2019 年 12 月第 1 版
印 次	2020 年 7 月第 2 次印刷

开 本	710×1000 1/16
印 张	11.5
字 数	162 千字
定 价	56.00 元

序　言

　　《明代保甲制研究》系薛理禹博士在博士后出站报告的基础上完善而成，与其已出版的博士论文《清代人丁研究》可谓相得益彰，分别从经济财政和社会管理这两个视角探索明清时代的户口管理制度。这是近年来上海师范大学中国史"高峰高原"学科建设的一项优秀成果。

　　有关宋代、清代、民国保甲制的研究著述已有不少，但明代保甲制至今尚无研究专著问世。《明代保甲制研究》系统收集相关原始资料文献，较为全面地揭示了保甲制在明代兴起、发展、成熟的过程，归纳明代保甲制的特点，总结保甲法在基层实施中的利弊得失，丰富和完善了明代人口制度史的研究。

　　从《明代保甲制研究》中，不仅可以看到作者扎实的史学功底，同时也能发现作者力求多学科方法交融。作者本科主修法学，研究生攻读人口史和历史地理，跨学科的经历令其能将多方面学识融会贯通，亦能从不同的视角多元观察历史现象。比如在考察明代保甲制在各地的实施效果时，能够引入"立法"、"执法"及"守法"的法学概念，通过对突出事件的描述和具体案例的解析，深入浅出地探讨三者间的互动和博弈，对于明代保甲法功效与弊端的描述和分析亦耐人寻味。尽管各地保甲制推行时间先后不一，特点各异，但作者能既兼顾全局，又突出重点，在着重研究东南沿海各省情况的同时，也以专门的章节分析北方省份和边疆地区的保甲法特点。在主要研究保甲法发展脉络、特点的同时，作者也用专门的篇章研究辨析里甲制、总小甲制等相关户口管理制度，探究其与保甲制的联系与异同，达到举一反三的效果。

《明代保甲制研究》是一部史料翔实、内容丰富、逻辑严密、见解独到的人口制度史佳作，不仅弥补了人口史研究的某些空白与不足，也有益于经济史、社会史和法制史的学科发展。作为作者多年辛勤努力的见证者，特为作序。

苏智良

2019 年 9 月 22 日

目　　录

绪　　论

第一节　相关研究回顾

学术界针对清代保甲制的研究成果较多，与之形成鲜明对比的是，有关明代保甲制的专题研究为数较少。就明代保甲制研究的专门著述而论，酒井忠夫、唐文基、陈宝良等以全国为视角综合研究，阐述明代保甲制的发展过程，明确保甲制与里甲制的本质区别，此外还有学者发表关于王阳明、海瑞、吕坤等明代官员推行保甲法的情况及针对特定地域（赣南、福建、徽州、杭州等地）保甲法实施情况的论文。

一　闻钧天的研究

闻钧天先生创作于 20 世纪 30 年代前期的《中国保甲制度》是第一部专门具体研究保甲制度的著述。该书以大量篇幅叙述了自上古至民国时期保甲制度的发展演变过程。闻先生将保甲制概括为："保甲组合单位之意义，实为将散漫而无统系之民众，用一种适合于社会环境之规律，依一定之数字与方式，精密组织之，使成为有统系之政体，以之为维持地方之力量，与发展地方之一切建设而已。"① "关于解释保甲制之目的，其义有二：一为保甲制本身之原始目的，一为保甲使用后具有之目的。……所谓寓兵于民之义，固为自有保甲制以来，莫或先于此者，称其为保甲制本身之原始目的，实无不可。自此以后，其目的之存在，则依使用者之意识为转变，皆无一致之准则。要而论之，不外一赋役，二警卫，三户政而已。此三者为别于兵制以外之事，亦不失其为相当之目的。"②

笔者以为，该书的某些论断似与史实并不相符，如对于保甲的界别不够严谨，将一些实际与保甲制差别较大的制度混同于保甲，如将征收赋役为首要宗旨的里甲制同维护治安为首要作用的保甲制相混淆。又如闻先生称"历代关于保甲之事务，只有行政上之名称，殊乏主管该项事务行政机关权职之规定。故在社会之下层，有保甲之政制，而上层则乏统一指导之方，此中弊窦所在，遂致保甲之事，屡兴屡废，终不获有一贯之施行精神"。③ 实际看来，明代后期至清代，官府对保甲不可谓不重视，朝廷推行保甲的诏令接连不断，各省、府、州县官员推广保甲的条令规章更是层出不穷，保甲法不能有效持续贯彻的原因，显然并非单纯为官府缺乏统一指导，而是在实施过程中百姓未能获利反致受害，因而消极应对乃至抵制保甲法。为迎合当时国民政府在各地广泛推行保甲制的措施，闻先生过分强调保甲法的积极意义，对其负面作用却避而不谈。

关于明代的保甲制，闻先生通过比较，认为"里甲、里社、社学、社仓及乡甲约（笔者注：即乡约）诸种地方政制，除乡甲约制与保甲，

---

① 闻钧天：《中国保甲制度》，商务印书馆 1935 年版，上海书店出版社 1992 年再版，"民国丛书"第四编第 23 册，第 4 页。
② 同上书，第 27 页。
③ 同上书，第 4 页。

有不可分离之特异关系……其余四种制度中，若里甲制、里社制，亦为包括保甲制组织上之一部分效用，依其涵义，亦未可遽与划分。他若社学社仓之效用，在形势上虽若与保甲无与，实则具保甲组织方式之基本原则，而推行其另一方面之训民育民积极意义"。①

诚然，保甲制与乡约制之间往往有着紧密的联系，甚至合为一体者亦比比皆是，在某些情况下保甲制与社仓、社学等也颇有关联，但要弄清它们之间的联系并非易举。闻先生对于明代保甲制度的发展演变过程，尚无具体详细的研究阐述，对于保甲法在各地推行的具体过程涉及较少，仅列举王阳明、张朝瑞、周孔教实施保甲法、吕坤推行乡约保甲等事例。

此外，闻先生的论述中亦有失实之处。如"按明代保甲制度，其初曰里甲，继称为乡甲，终又称曰保甲，无论其名称如何离异，其实质则固同"。② 笔者以为闻先生的说法不符合史实，事实上尽管里甲和保甲同为户口管理机制，里甲的设置主要旨在征派赋役，保甲的主旨为强化治安，两者在职能上截然有别，不可混为一谈，明代后期乃至清代前期，保甲制与里甲制并存于许多地方，发挥各自不同的职能。此外，该书存在一些明显的史料错误，如清人徐栋编辑的《保甲书辑要》卷二《成规下》中收录《明吕司寇弭盗条约》，闻先生认为系"洪武时"所作③，实际上，"吕司寇"为吕坤，此条约为万历年间所作。④

---

① 闻钧天：《中国保甲制度》，商务印书馆 1935 年版，上海书店出版社 1992 年再版，"民国丛书"第四编第 23 册，第 182 页。

② 同上书，第 193 页。

③ 同上书，第 194 页。

④ 参见（明）吕坤《实政录》卷六，《北京图书馆古籍珍本丛刊》第 48 册，书目文献出版社 1998 年影印本，第 225—230 页。《保甲书辑要》收录的是清人王凤生改编本。

二 唐文基的研究

唐文基先生是较早具体探究明代保甲问题的学者，他对明代保甲制的发展过程进行基本的梳理，认为明代推行保甲法的动议源自成化年间，"明中叶实行保甲制度最有力的是王守仁"，"嘉靖之后，明朝内忧外患益加严重，要求建立保甲的地方也就愈来愈多"，"降至天启之时，明朝统治危机毕露……为了抗拒内外强敌，明政府更加倚重保甲"。此外，唐先生明确界定了保甲和里甲的差别："前者以征赋派役为主，后者以察捕奸宄为主。"① 唐先生的研究不足之处在于：一方面，相关研究较为粗线条，较少对保甲法的具体实施情况加以细致研究，其发展脉络也未明显呈现；另一方面，唐先生的某些论断存在值得商榷之处，如"明后期保甲制度虽广泛施行，但里甲未曾取消，它实亡却是名存"。事实上，无论是明代中后期还是清代前期，里甲制仍旧在征缴田赋、编审丁口及征缴丁银方面发挥着重要作用。

三 陈宝良的研究

陈宝良先生的《明代的保甲与火甲》是具体讨论明代保甲制发展过程的论文。他指出："自明中期以后，人口流徙日频，版籍制度破坏，里甲名存实亡，已不可能实施原先的职责，社会也随之趋于动乱，这样也就有了专职的乡村防御体系，即保甲制与火甲制。"陈先生对于明代保甲制的特点归纳为"明代的保甲制并不如里甲制一样，是由政府统一规划，一体实行，而是大多由各级地方政府官员自行实施，所以体制不一，具有明显的地方及个人特征。"文中还依次分析归纳了明代中后期

---

① 唐文基：《明代赋役制度史》第三章第一节第三部分"保甲制度的兴起"，中国社会科学出版社1992年版，第338—345页。

保甲弭盗、教化及部分取代里甲的职能及其存在的弊端，并阐释了保甲制与火甲、义总等制度的联系。陈先生对保甲的探讨较前人更为具体、深入、准确，但也存在不足之处。以全国视角看待保甲制，固然有全局把握、周到全面的优点，然而各地保甲制的实施，背景各不相同，方式各有差别，时间跨度长短不一，可谓千差万别，而全国视角在具体的论述分析上，主要采用枚举的方式，难以做到详细分析和具体把握。那么，就各省区的保甲制具体情况进行具体论述，则能填补全国视角留下的诸多空白，达到相得益彰的效果。此外，陈先生的论述中亦有值得商榷之处，如认为保甲属"乡村防御体系"，实际上，保甲制并非仅实施于乡村，而是乡村与城镇均有实施，某些地区又以城镇为实施重点。又如，根据吕坤的叙述，判定明代保甲制始于洪武、永乐年间，恐不准确，以及"按照明代的制度，保甲制中只设保伍、甲长两职，其中保正、保副都是随后添设的。甲长一人统十家而挨查奸细，实行的是'一年一更'的轮充制；而保伍一人统各甲而救护盗贼，也是'不称即更'，并不是终身制。"这一说法无法涵盖明代保甲法自嘉靖年之前即有的多样性，不同地区乃至同一区域的不同时代，保甲组织的形制往往存在较大差异。

总的来说，有关明代保甲制的既有研究存在以下不足之处。

（1）系统、全面、具体的研究较少，留下的薄弱、空白之处较多。某些要点问题，如嘉靖年间保甲制在各地的推行和完善过程，理应作为明代保甲制研究的关键一环，而在国内研究实际基本处于空白状态。又如保甲制的实际作用，尤其是除了治安防范以外的其他作用，如在户口管理、防灾救灾、推广礼教中发挥的功效，过去较少有人加以关注。既有相关成果多以单篇的论文、章节形式反映保甲制在某个时期或某个地域的实施情况，未能全面系统地展现明代保甲制的形成、发展、演变状况及其在各地的实施特点、异同。将明代保甲制视为整体加以系统研究的专著亟待面世。

（2）原始资料利用不足，部分研究成果存在值得商榷之处。既有研究主要利用会典政书、地方志、时人文集中关于保甲制的记载，而对原始档案、册籍等利用较少，对于保甲制具体施行的阐述往往不够具体、生动。此外，以往研究多侧重保甲法规的制订和推行，而对于民间的具体实施状况（如官员、胥吏、百姓之间的互动，基层对于保甲制的应对态度，保甲法在户口管理和纠察抵御盗贼中发挥功效的具体案例等）关注不足，影响了观点的准确性与全面性。

（3）保甲制与当时具体的历史背景（如"南倭北虏"、走私贸易及海禁等）联系不足，同其他制度的对比研究需进一步加强。例如，在治安管理、抵御盗匪方面，保甲制同总小甲、民壮的联系区别；又如，在户口管理方面，保甲制同里甲制下丁口编审的联系区别等问题，均有待进一步的阐明和辨析。

第二节　本书内容结构

本书分析研究明代保甲制的兴起、发展及其在沿海沿边地域的实施情况，包括明代中后期沿海沿边地域的政治形势与社会状况（"南倭北虏"问题、走私贸易、海禁政策等保甲制兴起的时代背景）、保甲制的特点、职能（基本职能——户口管理、查举不法行为、抵御盗匪，衍生职能——教化、救灾等）、明代中期保甲制在沿海沿边地域的具体实施情况、推广保甲制的倡议和实践、明末各地推行保甲法的高峰、保甲制与其他社会制度现象的联系区别、保甲制实施中的弊端、清代前期对明代保甲制的承继和变革等内容。

保甲制有四个基本要件：（1）以维护治安、查举犯罪、抵御盗匪为首要目的；（2）严密、实态的户口管理组织，一般独立于里甲组织；（3）同武装动员密切结合；（4）以连坐法等法律责任保障实施效果。

明代前期，各地的治安维护主要依靠卫所、巡检司等军事机构，而户口管理则依靠里甲体系，稍后里甲中亦设总小甲维护治安、打击不法行为。明代中期，东南沿海海寇肆虐，北方边境深受蒙古游牧部族侵扰，西南各地亦多次爆发少数民族动乱和流民起义，全国（尤其是沿海沿边地区）治安形势急剧恶化。与此同时，由于长期以来百姓逃避赋役，隐匿户口，黄册载籍日渐失实，官府对于户口的实际控制每况愈下。加之明初建立的卫所系统趋于瓦解，官府面临纷至沓来的内乱外扰时，往往疏于防范，疲于应对。嘉靖之前，已有不少地方官员尝试推行保甲法。嘉靖年间，在地方官员的大力推动下，保甲制大范围兴起，并逐步完善。隆庆、万历年间，保甲制在全国南北各地进一步推行，其中沿边沿海地区因形势需要，推行范围更广，执行力度更大，相关条款更为具体细致。保甲制对打击盗匪、维护治安乃至防灾救灾方面均具有一定功效，但在其立法、执法及守法各环节也存在诸多弊端，在基层的实施效果往往因官吏的敷衍、营私和民众的消极抵制而深受影响，有名无实，甚至沦为扰民恶法。尽管明代后期广泛推行保甲的倡议屡见不鲜，尤其在明末政权濒临瓦解之际各地又兴起了一轮推行保甲的热潮。总的来说，终明一代，保甲制基本上系地方官员应对治安形势的权宜之计，兴废无常，朝廷并未着手建立适用全国划一推行的保甲法。清廷入关后，继承明代保甲制，多次下诏在全国范围内统一推行，保甲制在全国范围方显常态化。

第三节 研究方法和学术意义

明代保甲制出现于边患频仍、盗匪蜂起的时代背景之下，是当时重要的治安管理体系，也是重要的户口管理制度。对该制度加以系统全面的研究，厘清其在明代中后期百余年间的发展演变过程，掌握该制度在不同地域的具体实施情况及其对稳定治安局势发挥的作用，不仅可以填补完善研究空白和薄弱之处，纠正以往研究中的某些讹误，更重要的意义在于，封建时代的州县官府作为"亲民"机关，主要有两大基本职能：一是财政职能，即向民间征集赋税，满足朝廷、各级官府和军队的运作开销；二是治安职能，即对辖区内的民众进行管理控制，打击违法犯罪、维持基层的局势稳定，维护民间的封建统治秩序。这两种基本职能在基层各有其运作体系，一般彼此独立，但相互也有较为有机、密切的联系。无论是赋税的征收还是治安的维护，都仰赖民间的支持，最终都要落实到各家各户，明代官府对于民众丁口推行的编审制和保甲制，目的即分别发挥两者各自的优势，实现上述两项职能。对这一问题进行系统的梳理和融会贯通的研究，能够以小见大，生动展现这一时期国家政权在基层的具体运作，反映国家立法在基层执行中的复杂性和多样性，揭示封建时代朝廷、地方官府与民间社会的联系与互动，具有较高的学术研究价值。

本书以保甲制的兴起和发展脉络为主线，研究地域遍及明代的东南西北、内陆中心，而侧重于沿海（尤其是东南沿海省份）沿边地域，重点研究上级官府的保甲立法、州县基层推行保甲制的执法和民众对保甲法的实际遵守情况，并将保甲制的发展与当时的其他现象、制度（如里甲制下的丁口编审）结合探讨，难点主要在于保甲制在民间的实际施行状况、保甲制与其他制度现象的联系区别，以及某些术语的解释辨析等。

在具体的研究上，第一，选取最有价值的史料。史料是否原始、翔实、可靠，直接决定结论准确与否。笔者经多方查找，业已获得若干原始性强、内容翔实、保存完好的珍贵史料，如嘉靖《宁波府通判谕保甲条约》、万历《颁〈正俗编〉行各属》等地方官府推行保甲制的原始资料及奏疏等，结合政书典籍、地方志、时人文集等，力求充分发挥史料优势，翔实鲜明准确地还原历史真相。

第二，在研究中采用多元化视角。一方面，梳理上级官府推行保甲制的立法规定，把握该制度在朝廷、官府视角中的地位变化及各级官员对此的相关认识；另一方面，结合具体的地理环境与当时政治、经济、社会状况，尤其是通过对重要事件、经典案例的分析，全面反映这一制度在基层的实施过程和效果，揭示朝廷、地方官员、胥役、里甲头目、各阶层民众对于保甲制不同的价值取向。

第三，在研究中力求多学科交融。明代保甲制既是官员治理地方之道，又与民众日常生活息息相关，是政治史和社会史的一大要点，保甲法规的制订、实施与遵守情况属于法制史范畴，而保甲制作为一项重要的人口管理制度，与人口史密切联系。可见，这是一个涉及多学科领域的问题，因此在研究中需要多种方法交融。

以往有关明代保甲制的研究成果数量较少、待完善之处甚多，本书研究的时间跨度、地域覆盖面较既有成果更长、更广，内容也力求更为具体、全面、深入、准确。鉴于明代中后期内乱外患频仍，沿海沿边地区是保甲法推行的重点区域，笔者在前人研究的基础上，集中整理利用原始资料，不仅旨在厘清上述地域保甲制在立法层面的制度演变，更着重分析探讨州县基层在执法层面上对于上级官府法规的实施执行，以及社会各阶层的民众从守法层面上对法规制度的应对等，关注保甲制在具体历史环境下发挥的实际作用。从而能够对这一重要历史现象得出更为全面和准确的认识，同时以小见大，生动展现这一时期国家权力在基层的具体运作，反映国家立法在基层执行中的复杂性和多样性。

第一章　明代保甲制的初创

保甲法并非明代统治者的独创发明，其直接源头可以追溯到宋代。北宋王安石变法时，制定"保甲法"，熙宁三年十二月乙丑司农寺制定的《畿县保甲条制》规定：

> 凡十家为一保，选主户有才干、心力者一人为保长。五十家为一大保，选主户最有心力及物产最高者一人为大保长。十大保为一都保，仍选主户有行止、材勇为众所伏者二人为都、副保正。

> 凡选一家两丁以上，通主客为之，谓之保丁，但推以上皆充。单丁、老幼、疾患、女户等，并令就近附保。两丁以上，更有余人身力少壮者，亦令附保，内材勇为众所伏及物产最高者，充逐保丁。除禁兵器外，其余弓箭等许从便自置，习学武艺。

> 每一大保逐夜轮差五人，于保内分往来巡警，遇有贼盗，昼时声鼓，报大保长以下同保人户即时救应追捕。如贼入别保，递相击鼓应接袭逐。每获贼，除编敕赏格外，如告获盗窃，徒以上每名赏钱三千，杖以上一千。同保内有犯强窃盗、杀人、谋杀、放火、强奸、略人、传习妖教、造畜蛊毒，知而不告，论如五保律。其余事不干己，除敕律许人陈告外，皆毋得论告。知情不知情并与免罪。其编敕内邻保合坐者，并依旧条。及居停强盗三人以上，经三日，

同保内邻人虽不知情，亦科不觉察之罪。

保内如有人户逃移死绝，并令申县，如同保不及五户，听并入别保。其有外来人户入保居住者，亦申县收入保甲。本保内户数足，且令附保，候及十户，即别为一保。若本保内有外来行止不明之人，并须觉察收捕送官。逐保各置牌，拘管人户及保丁姓名，如有申报本县文字，并令保长轮差保丁齐送。仍乞选官行于开封、祥符两县，团成保甲候成次绪，以渐及他县。①

从这段史料可以看到，北宋时期的保甲制即具有以下几个特点。

（1）严密、实态的组织结构。王安石推行的保甲体系分为保、大保、都保三个层级，各由才力、家产出众者担任头目，分别支配十户、五十户、五百户人家。保甲组织以实际居住情况编排人户，随时剔除逃亡死绝人户，补入新迁入人户，不仅纳税主户理所当然被纳入保甲，一般不承担赋税的客户、单丁、老幼、疾患、女户等一切人户均被纳入保甲组织的控制范围。

（2）以维护治安、查举犯罪为主要目的。一方面，保甲组织针对外来盗匪，制定了守夜和抵抗追捕的一套机制，笔者谓此"对外防御机制"。而各种外来不法侵扰相对而言是不特定的、时常难以预见的，故也可称之"一般防御"②，也即对象不特定的防御。另一方面，保甲组织对于内部居民亦有监督责任，尤其是对于直接破坏社会治安的强盗、窃盗、杀人、纵火、强奸等犯罪行为，承担侦探和告发的义务，笔者相应将之称为"对内防御机制"。传统社会——尤其是乡村社区或宗族聚落，乡里互相依赖，彼此熟悉，对内的防御、监控往往具有较强的针对性，即针对某些具有不良习气或不法行为的人员，也可称之为"特定防

---

① （宋）李焘：《续资治通鉴长编》卷二一八，熙宁三年十二月乙丑。
② "一般防御"和"特定防御"借鉴现代刑法学的"一般预防"与"特殊预防"概念。

御”。无论是宋代还是明清时代，但凡保甲系统，无一不具备这种“对外防御”（一般防御）与“对内防御”（特定防御）的二重性。

（3）与武装动员密切结合。宋代推行保甲制，是在“冗兵”“积弱”的背景下，官府的军事力量难以有效应对各种盗匪、不法势力以及外族侵扰，且无力再增加财税，招募职业军人，而不得已实施“寓兵于民”的策略，武装动员广大百姓，从而在不增加财政的前提下增强维持治安的能力。按照规定，无论主户客户，只要户内有两名成丁以上，其中的一丁须作为保丁，自备武器，学习武艺，成为基层维护治安、抵御盗贼的主干力量。

（4）以连坐法等刑事责任保障实施效果。官府设立保甲组织，意味着其中的每一户居民，对于保甲内破坏社会治安的犯罪行为，都有检举揭发的义务，如果对邻舍的犯罪行为知情不举，亦要承担连带刑事责任。尤其是对于容留三名以上强盗，时间在三天以上的犯罪行为，同保内邻居虽不知情，也要以失察论处。

王安石的保甲法，是明清保甲制的先声，也是明清官府推行保甲制的蓝本。明代人在论述保甲法时，也每每追溯到王安石的保甲法，以借鉴经验，吸取教训。① 明清时期的保甲制度，虽然各地力度不同、措施

① 如明代后期叶向高在论述保甲制利弊时称“保甲之为名也，自王安石始也。而保甲之所由行也，不自王安石始也，自周之比闾伍两始也。周行之而善，安石行之而不善，则其故何居？周之法夷易易遵，而安石之法烦苛而民不便也：如三时务农，一时讲武，周法也；而安石以十日番休，民失业病矣。八百家出甲士三人、步卒七十二人，周法也；而安石以二丁取一，民系籍病矣。闾师党正以至两司马而上，毕简贤能，周法也；而安石所置巡检指使诸官，率夤缘为奸利，民侵渔病矣。故夫保甲之难行也，非法弊也，以人弊法，故法行难也”。[（明）叶向高：《苍霞草》卷二《保甲议》] 又如徐日久称“再三筹度，则莫如团结保甲。而或者曰，此王安石之所行而弗能竟者也。夫安石之意欲以保甲代募兵，而今则兵则为兵，保甲自为保甲；安石之意欲省募费之十二以供保甲，而今则保甲不但无军旅之费，且使官府并无保甲之扰，顺俗因情，取财量力，诚精择良吏推而行之，期月之间，庶几成效非敢谓可代兵之用，但习艺既闲，加以室庐坟墓之恋心，父子兄弟之相顾，以攻战则不足，以守御则有余”。[（明）徐日久：《骘言》卷六《有司·保甲》]

各异，但大体上无逾上述四种基本特征，只是在其基础上有进一步细化和发展。

第一节 明代中期形势概述

一 明代前期户口管理的变迁

明代前期，官府通过里甲组织实现户口管理。"洪武十四年诏：天下府州县编赋役黄册，以一百一十户为里，推丁多者十人为长，余百户为十甲，甲凡十人。岁役里长一人，管摄一里之事。城中曰坊，近城曰厢，乡都曰里。凡十年一周，先后则各以丁数多寡为次。每里编为一册，册首总为一图，鳏寡孤独不任役者，则带管于百一十户之外，而列于图后，名曰畸零。册成，一本进户部，布政司及府州县各存一本。"①

里甲组织具有实施户口管制，约束人户流动，维护当地治安的职责。明太祖令户部榜谕天下："其令四民务在各守本业，医、卜者土著不得远游。凡出入作息，乡邻必互知之。其有不事生业而游惰者及舍匿他境游民者，皆迁之远方。"② 明太祖当年编纂的《大诰续编》中对里甲、邻居的户口稽查做了更为详细而严酷的规定：

---

① 《大明会典》卷二十《黄册》，《明实录》的记载为"是月，命天下郡县编赋役黄册。其法以一百一十户为里，一里之中推丁粮多者十人为之长，余百户为十甲，甲凡十人，岁役里长一人、甲首十人，管摄一里之事。城中曰坊，近城曰厢，乡都曰里。凡十年一周，先后则各以丁粮多寡为次，每里编为一册，册之首总为一图。其里中鳏寡孤独不任役者则带管于百十户之外，而列于图后，名曰畸零。册成，为四本，一以进户部，其三则布政司、府、县各留其一焉"，见《明太祖实录》卷一百三十五，洪武十四年正月。

② 《明太祖实录》卷一百七十七，洪武十九年四月壬寅。

若一里之间、百户之内，见诰仍有逸夫，里甲坐视，邻里亲戚不拿，其逸夫者或于公门中，或在市间里，有犯非为，捕获到官，逸民处死，里甲四邻化外之迁。的不虚示。

一、知丁之法，某民丁几，受农业者几，受士业者几，受工业者几，受商业者几。且欲士者，志于士。进学之时，师友某氏，习有所在。非社学则入县学，非县必州府之学，此其所以知士丁之所在。已成之士，为未成士之师。邻里必知生徒之所在，庶几出入可验，无异为也。

一、农业者，不出一里之间，朝出暮入，作息之道互知焉。

一、专工之业，远行则引明所在。用工州里，往必知方。巨细作为，邻里采知。巨者归迟，微者归疾。工之出入，有不难见也。

一、商本有巨微，货有重轻。所趋远迩，水陆明于引间。归期难限其业，邻里务必周知。若或经年无信，二载不归，邻里当觉之，询故本户。①

明太祖规定了"路引"制度，民众离开乡里，须持有官府所发的路引，所到之处时时受到查验："一切臣民，朝出暮入，务必从容验丁。市村人民，舍客之际，辨人生理，验人引目。"② 洪武二十七年朝廷又颁示榜文，"一榜：洪武二十七年三月初二日，为强贼劫杀人民事，钦奉圣旨：今后里甲邻人、老人所管人户，务要见丁著业，互相觉察。有出外，要知本人下落，作何生理，干何事务。若是不知下落及日久不

---

① 《御制大诰续编·互知丁业第三》，张德信、毛佩琦主编：《洪武御制全书》，黄山书社 1995 年版，第 795—796 页。

② 《御制大诰续编·辨验丁引第四》，张德信、毛佩琦主编《洪武御制全书》，黄山书社 1995 年版，第 796 页。

回，老人、邻人不行赴官首告者，一体迁发充军"。①

在严格户口管理的基础上，明太祖规定了严厉的边境管制，防止百姓与境外势力联络贸易。洪武四年"禁濒海民不得私出海"，十四年"禁濒海民私通海外诸国"。②《大明律》规定："凡将马牛、军需、铁货、铜钱、缎匹、绸绢、丝绵私出外境货卖及下海者，杖一百。挑担驮载之人减一等，货物船车并入官。于内以十分为率，三分付告人充赏。若将人口、军器出境及下海者绞，因而走泄事情者斩。其拘该官司及守把之人，通同夹带或知而故纵者，与犯人同罪。""凡沿海去处下海船只，除有号票文引许令出洋外，若奸豪势要及军民人等，擅造二桅以上违式大船，将带违禁货物下海，前往番国买卖，潜通海贼同谋结聚，及为向导劫掠良民者，正犯比照谋叛已行律处斩，仍枭首示众，全家发边卫充军。其打造前项海船，卖与夷人图利者，比照将应禁军器下海因而走泄事情律，为首者处斩，为从者发边卫充军。若止将大船雇与下海之人，分取番货，及虽不曾造有大船，但纠通下海之人，接买番货，与探听下海之人番货到来，私买贩卖苏木、胡椒至一千斤以上者，俱发边卫充军，番货并入官。"③

明初户口管制制度严密，执行较为严格，因此里甲之外并无必要设置保甲组织，日后保甲组织打击不法活动、缉拿盗匪的职责皆由里甲组织承担，正如明人叶春及指出："国朝以里甲任民，推择齿德以为耆老，里中有盗、戍卒罪人逋逃及恶人不能捕者，里甲老人集众禽之，具教民榜。盖时卫所以防大寇，巡司兵以缉细奸，间有如所云，不过老人里长

---

① 《南京刑部志》卷三，转引自黄彰健《明清史研究丛稿》卷二，台湾商务印书馆 1977 年版，第 246 页。又参见〔日〕中岛乐章《明代乡村纠纷与秩序》，江苏人民出版社 2010 年版，第 73 页。

② 《明太祖实录》卷七十，洪武四年十二月丙戌；卷一百三十九，洪武十四年十月己巳。

③ 《大明律》兵律三《关津》"私出外境及违禁下海"。

帅甲首追胥，申明亭外未闻巡警铺，里长甲首外未闻总小甲也。"①

至明代中期，户口管理越发松懈，具文化的特点越发明显。许多地方的官方载籍户口不断下降，甚至弘治、正德年间不及洪武年间数额之半。明代官方的载籍户口，总的趋势是越来越少。当时的某些人士，已经注意到了载籍人口的失实。嘉靖时人何良俊指出当时因赋役日渐加重，民众为了逃避赋役而舍本逐末，徙居四方，官府载籍户口与实际脱节的情形：

> 余谓正德以前，百姓十一在官，十九在田。盖因四民各有定业，百姓安于农亩，无有他志，官府亦驱之就农，不加烦扰，故家家丰足，人乐于就农。自四五十年来，赋税日增，徭役日重，民命不堪，遂皆迁业。昔日乡官家人亦不甚多，今去农而为乡官家人者，以十倍于前矣。昔日官府之人有限，今去农而蚕食于官府者，五倍于前矣。昔日逐末之人尚少，今去农而改业为工商者，三倍于前矣。昔日原无游手之人，今去农而游手趁食者，又十之二三矣。大抵以十分百姓言之，已六七分去农。至若太祖所编户口之数，每里有排年十人分作十甲，每甲十户，则是一里总一百户。今积渐损耗，所存无几。故各里告病而有重编里长之说，则当就其中斟酌损益，通融议处，或并图可也，或以富贵者金替可也。今一甲所存无四五户，复三四人朋一里长，则是华亭一县，无不役之家，无不在官之人矣。况府县堂上与管粮官四处比限，每处三限，一月通计十二限；则空一里之人，奔走络绎于道路，谁复有种田之人哉？吾恐田卒污莱，民不土著，而地方将有土崩瓦解之势矣。可不为之寒心哉？②

---

① （明）叶春及：《石洞集》卷七《保甲篇》。
② （明）何良俊：《四友斋丛说》卷十三，《元明史料笔记丛刊》，中华书局 1959 年标点本，第 111—112 页。

此外，时人王世贞指出："国家户口登耗有绝不可信者……然则有司之造册，与户科、户部之稽查，皆仅儿戏耳。"① 明清之际的任源祥在比较了洪武与弘治两朝载籍户口后说道："窃计洪武兵革之后，户口消耗。弘治盛时，蕃息不啻倍蓰于前。而造册总数，不惟无益，且有损焉，则脱漏者多也。脱漏户口，律非不严；弘治君臣，察非不精也。而所以得容其脱漏者，为其无甚关于会计之大数也。有司惟以赋役之办集为课最，而不以户口之消长为贤否。积玩之余，一隐于游手，再隐于相冒，三隐于浮客。田有并兼，而人亦并兼，亦法之流弊使然矣。"② 而万历《南昌府志》上的一段话从更深层次揭示了载籍户口锐减的原因：

按隆庆六年后户几三十万，口几九十万，此著成丁者耳，其未成丁及老病男女奚啻百万，而每户未报者总亦不下数十万，流民移户尚不在此数，是几二百余万口也。而万历十四年丈清官民田地山塘其七万顷有奇，其中田地可食者不过五万顷有奇，土壤原瘠，以上中下乘之，计一顷出谷不及一百五十石，而缩加以水旱则不及一百石有奇，计口以食，仅养二十口而不足。总计田五万顷，仅养丁百万有奇耳。是常有百万口无养也，以故郡民多半逃亡或客外不归，至父母妻子终身以衣食之故不相见者多矣。仁人君子念之当为流涕。迩有欲尽数核丁者，以丁多则差轻，不知岁久弊生，猾胥旋巧那［挪］增，日积毫厘，差将复重。且世事难测，异时安敢料其不加，是既不能养之，又不复役之，大非人情矣。爰详户口异览者察其蕃庶，思以生养休息焉，而无徒曰"吾将尽役之也"，则庶

① （明）王世贞：《户口登耗之异》，载《弇山堂别集》（一）卷十八《皇明奇事述》三，魏连科点校，中华书局 1985 年版，第 326—327 页。
② （明）任源祥：《赋役议（上）》，《皇朝经世文编》卷二十九，《户政》四《赋役》一。

其逃亡者可省也。①

明代中后期以后，官府对于户口的控制越发松弛，大量人口或离乡流寓，或故意隐匿，处于官方册籍登载之外。对于载籍丁口数量增长迟滞乃至衰减的问题，多数地方官以满足赋役需要为原则，并未多加留意。严格黄册编审和人口登记制度，固然可以增加载籍人丁数量，减轻当差人丁的负担。然而核查漏丁耗时费力，困难重重。且州县官员唯恐载籍人丁增加后，上级借机加派赋役，节外生枝，故此在赋役征派得以维系的情况下，视黄册的编纂、人丁的编审为虚应故事。如果明确了这一点，对于明代中后期载籍人丁，乃至整个国家户口日益减少的历史谜团，不难发现原因所在。当然，这样的载籍户口，对于官府的实际户口管理，是无法发挥任何功效的。

二　明代中叶边境管控的废弛

伴随户口管理的弱化，明朝中期以后，政府对于基层的控制力度日渐削弱，太祖时期严厉镇压的海上私人贸易越发盛行。洪武年间重视海防，"信国公乃筑登莱至浙沿海五十九城，民丁四调一为戍兵。三十年，置浙东西防倭卫所，是年遣江夏侯周德兴垛军，福、兴、漳、泉戍并海卫所防倭，凡筑城十六"②。即便如此，洪武末年"缘海之人往往私下诸番贸易香货，因诱蛮夷为盗"③。

东南沿海一带走私贸易盛行，与地理环境的制约有重要关系。明朝政府的海禁政策，无法治本。"闽在宋元，俱设市舶司，国初因之，后竟废。成（化）、弘（治）之际，豪门巨室，间有乘巨舰贸易海外者。

---

① 万历《南昌府志》卷七《户口》。
② （明）郑晓：《与彭草亭都宪》，载《明经世文编》卷二一八《郑端简公文集》。
③ 《明太祖实录》卷二百三十一，洪武二十七年正月甲寅。

奸人阴开其利窦，而官人不得显收其利权，初亦渐享其赢，久乃勾引为乱。……顾海滨一带，田尽斥卤，耕者无所望岁，只有视渊若陵，久成习惯。富家征货，固得稇载归来；贫者为佣，亦博升米自给。一旦戒严不得下水，断其生活，若辈悉健有力，势不肯搏手困穷，于是所在连接为乱。"① "但以海为家之徒，安居城郭，既无剥床之灾；棹出海洋，且有同舟之济。三尺童子，亦视海贼如衣食父母，视军门如世代仇雠。往往倡为樵采渔猎之说，动称小民失利，或虞激变，蛊惑群听，加以浮诞之辞，虽贤者深信不疑矣。"②

由于走私贸易获利颇丰，出于生机所迫与利益驱使，许多沿海商民千方百计地摆脱法律的束缚，开展越洋走私贸易。他们或私造违式船舶，避开官府稽查；或收买巡防官兵，仰赖其庇护；或假冒朝廷官员，巧立下海名目；或组成武装走私团伙，武力对抗官府。而在走私失败时，往往也会转而劫掠当地，具有亦商亦匪的性质。"至正德中，华人通倭而闽浙大官豪杰实为祸首。……中国近年宠赂公行，官邪政乱，小民迫于贪酷，苦于役赋，困于饥寒，相率入海为盗。盖不独潮、惠、漳、泉、宁、绍、徽、歙奸商而已。凶徒、逸贼、罢吏、黠僧，及衣冠失职、书生不得志，群不逞者，皆从之为乡导，为奸细。"③ 这些亦商亦匪的海上武装集团，在明代中叶横行东南沿海，并在境外的日本设有基地，吸收招徕大量日本人、朝鲜人、南洋人等加入，故被称为"倭寇"。需要指出的是，"倭寇"的首领大多为中国人，如嘉靖年间的汪直、徐海、陈东等，且"倭寇"的人员组成，也以中国人为主，"盖江南海警，倭居十三，而中国叛逆居十七也"④。

---

① （明）张燮：《东西洋考》卷七《税饷考》。
② （明）朱纨：《海洋贼船出没事》，载《明经世文编》卷二〇五《朱中丞甓余集》。
③ （明）郑晓：《与彭草亭都宪》，载《明经世文编》卷二一八《郑端简公文集》。
④ 《明世宗实录》卷四百三，嘉靖三十二年十月壬寅。

但与此同时，明代中期卫所体系也日渐崩坏。明代中期沿海卫所弊病重重，"国初沿海建设卫所，联络险要。今军伍空缺，有一卫不满千余卒，一所不满百余卒者。……卫所官军既不能以杀贼，又不足以自守……顾家道殷实者，往往纳充吏承，其次赂官出外为商，其次业艺，其次投兵，其次役占，其次搬演杂剧，其次识字，通同该伍放回附近原籍，岁收常例，其次舍人皆不操守。即此八项，居十之半，且皆精锐。至于补伍食粮，则反为疲癃、残疾、老弱不堪之辈"①。这样的残兵弱卒，根本无法有效镇压、抵御突如其来的盗匪。不仅是海疆，陆疆的卫所防御力量也同样急剧衰弱，以致明代中期的嘉靖年间，国家面临"南倭北虏"侵犯边境的深重危机。

与沿海沿边地域原因的类似，随着官府统治力量的下降，明代中期内陆地区同样盗匪频仍。尤其是边疆少数民族地区和官府管控薄弱的内地山区，民众聚集结社、反抗官府、打破统治秩序的各种变乱风起云涌，迅速蔓延。在原有里甲黄册体系脱离实际，难以发挥户口实态管控的职能，且国家财政紧张，无力培植大规模的正规武装和侦缉力量的情况下，官府要镇压变乱、维护治安，就必须建立一套既能有效掌控基层户口，又能发挥稽查防御盗匪等犯罪行为的户口管理机制，明代保甲法应运而生。

第二节　保甲法的萌芽与成型

一　正德以前各地保甲法的萌生

一般认为，明代的保甲起自正德年间王守仁在江西推行的"十家牌

---

① （明）郑若曾：《筹海图编》卷十一上。

法"。但根据史料，正统年间柳华已在福建推行总小甲制。"正统十二年监察御史柳华奉命巡按于闽，警备盗贼。时承平日久，境内晏然，未闻桴鼓之声。华至，檄各郡县，凡城郭乡村之中，大小巷道首尾俱令刱立一隘门，门上为重屋，屋各置金鼓兵戈器械于其上，又于乡村之小者立望高楼于其中，大者则立于四维，乃编其各乡民为什伍，而设总小甲以统帅之。夜则轮番直宿于隘门之上，鸣鼓击柝以备不虞，有不从令者听总小甲惩治之。治之而不悛者，许总小甲闻官处问。"① 以此观之，其基本具备保甲法的特点，传承日久。直至嘉靖年间朱纨推行保甲法时，"总甲""小甲"等名目依然存在。"总小甲"与保甲制的具体关系，笔者将在后文专章论述。

成化后期，周瑛任抚州知府，时"广昌弗靖，重烦旌节远临，骑步南下，人心皆如挟纩"，"军门命条陈事宜"，周瑛"上当道平贼状"称："一团保伍：窃谓贼势孤则易灭，合则为忧，未歇也。为今之计，宜督郡县各固守地方，每乡皆以十家为保，每十数保团成一大保，皆以原金巡捕大户领之，或别择有丁粮、众所信服者领之。每保听设锣鼓器械，昼夜相与防守。一保有警，众保皆出。傥遇奸细入保，即便擒捕。或保内恶少谋要从逆，亦即擒捕，如此则家自为守，人自为战，而贼势孤矣。"②

弘治年间，某些地方官员在辖区内推行较为系统完备的保甲法。如湖广夷陵州"弘治七年冬，流贼犯境，居民忧惶。知州陈宣急命捕逐之，仿立保甲法：一、每乡居民约有百余户为一保，保分甲，内择年德老成、众所推服者一人为保长，杀□□□□听保长号令；一、每保立铺舍一座，置大鼓一面，各人随身坚利器械，不分昼夜，但有强盗风声所

---

① 嘉靖《延平府志·拾遗志》卷一。
② （明）周瑛：《翠渠摘稿》卷五。

在，即鸣锣鼓聚众，各人驱逐远遁，入保内并入人家者即时相机擒拿。如保内有生面之人，即报保长查究。或三五成群假以说歌唱为名者并其窝主一概擒拿送官；一、保内如有骁勇过人捉获强盗一名或杀死一名者，验实各赏官银五两，搜获强盗赃物一半给主，一半充赏，无主通赏；一、锣鼓一鸣之后，如有推奸避难后期者，许保长查点，轻则保长量情决责，重则送官治罪。如一家被劫，众人不能救援者，一保陪[赔]补所劫物件，不许坐视艰苦。斯法既行，前患口息，四境晏然，民皆乐业"[1]。其后，天长人韩福"弘治十一年出守大名府，府自国家罢兵戍，正统以后，稍设民壮，以通判领之，然籍为空额而已。盗稍起，福始定诸州县番上之法而团操之。又仿古为保甲法，每十家置一牌，百家置一长，以时询察之，盗贼灭迹，道不拾遗"[2]。当时，浙江温州知府文林亦于辖区内推行保甲法，具体情况将在后文述及。

二 正德年间王守仁的保甲法

正德年间，右佥都御史王守仁在平定赣南山区的民变后，在其所辖的各府州县推行"十家牌法"，堪称明代保甲制的成型完备，为后世史学家关注。"十家牌法"完全具备笔者所归纳的保甲法四项基本特征。

（1）在组织体系方面，每户设"各家门面牌"，载明户籍类别（民户、军户或匠户，并表明所属单位，客户须写清原籍）、户内成丁的身份职业、妇女口数、田产房屋状况、寄歇客人情况等[3]，并经审查明确，"如人丁若干，必查某丁为某官吏，或生员，或当某差役、习某技艺、作某生理，或过某房出赘，或有某残疾，及户籍田粮等项，俱要逐

① 弘治《夷陵州志》卷五《保甲法》。
② （明）张萱：《西园闻见录》卷九十六《政术》。
③ （明）王守仁：《王文成全书》卷十六《十家牌法告谕各府父老子弟》。

一查审的实"①。十户组成一甲,在各家牌的基础上编制"十家牌","十家编排既定,照式造册一本,留县以备查考"。此外,"于各乡村推选才行为众信服者一人为保长,专一防御盗贼,平时各甲词讼悉照牌谕,不许保长于与,因而武断乡曲"②,保长的专门职责是抵御盗匪。

(2)各甲不设首领,"十家牌"由甲内各户轮流执掌,担负治安巡查任务,按照规定"每日酉牌时分持牌到各家,照粉牌查审,某家今夜少某人,往某处干某事,某日当回。某家今夜多某人,是某姓名,从某处来干某事,务要审问的确,仍通报各家知会"③。为强化治安管理,王守仁还借鉴采用刑法上的"警迹人"制度,规定"每十家各令挨报甲内平日习为偷窃及喇唬教唆等项不良之人,同具不致隐漏重甘结状,官府为置舍旧图新簿记其姓名,姑勿追论旧恶,令其自今改行迁善,果能改化者为除其名。境内或有盗窃,即令此辈自相挨缉"④。

(3)明代中期赣南治安情势不佳,为镇压盗匪及反抗势力,王守仁规定城乡要地和乡村各家均应置鼓,各户亦须备置防御器械,"但遇盗警,即仰保长统率各甲设谋截捕,其城郭、坊巷、乡村各于要地置鼓一面,若乡村相去稍远者,仍起高楼,置鼓其上,遇警即登楼击鼓,一巷击鼓,各巷应之,一村击鼓,各村应之。但闻鼓声,各甲各执器械齐出应援,俱听保长调度,或设伏把隘,或并力夹击……若乡村各家皆置鼓一面,一家有警击鼓,各家应之,尤为快便"⑤。

(4)甲内各户对其中的不法行为如若知情不举,须承担连带责任,"若事有可疑,即行报官。如或隐蔽事发,十家同罪"。⑥ 如果漏报甲内

---

① (明)王守仁:《巡抚江西申谕十家牌法》,载陈子龙编《明经世文编》卷一三二。
② (明)王守仁:《巡抚江西申谕十家牌法增立保长》,载《明经世文编》卷一三二。
③ (明)王守仁:《王文成全书》卷十六《十家牌法告谕》。
④ (明)王守仁:《巡抚江西申谕十家牌法》,载《明经世文编》卷一三二。
⑤ (明)王守仁:《巡抚江西申谕十家牌法增立保长》。
⑥ (明)王守仁:《王文成全书》卷十六《十家牌法告谕》。

"平日习为偷盗"等项不良人员，同样"并治同甲之罪"。此外在抵御盗匪时，各户成丁"但有后期不出者，保长公同各甲举告官司，重加罚治"①。

除了上述四种基本职能外，王守仁制定的保甲法还发挥了某些其他功能。①征调赋役。由于传统的里甲黄册大多因循既往，与实际丁、田情况严重脱节，王守仁认为按照现实情况重新编订的保甲十家册更能公平有效地征发赋役，"遇勾摄及差调等项，按册处分，更无躲闪脱漏。一县之事，如视诸掌"②。②调处纠纷。"十家之内但有争讼等事，同甲即时劝解和释，如有不听劝解，恃强凌弱及诬告他人者，同甲相率禀官，官府当时量加责治省发，不必收监淹滞。凡遇问理词状，但涉诬告者，仍要查究同甲不行劝禀之罪。又每日各家照牌，互相劝谕，务令讲信修睦，息讼罢争，日渐开导，如此则小民益知争斗之非，而词讼亦可简矣。"③ 由于唯恐百姓为逃避赋役而隐匿户口，削弱保甲的实际效能，日后的明代地方官员在推行保甲制时，大多避免将保甲与赋役征调挂钩，但利用保甲调处纠纷并宣扬教化的措施，则得到了充分的继承和发挥。

---

① （明）王守仁：《巡抚江西申谕十家牌法增立保长》。
② （明）王守仁：《巡抚江西申谕十家牌法》。
③ 同上。

第二章　嘉靖年间保甲法的推行

保甲法在全国大范围的兴起和发展完善，主要在嘉靖年间，但相关研究迄今基本处于空白。嘉靖年间可谓内忧外患频仍，北方边境受到蒙古部落的不断侵扰，东南沿海倭寇长期肆虐，内地省份亦经常发生各种民变、骚乱。由于百姓逃避赋役、隐匿户口、流寓者众，黄册载籍日渐失实，官府对于户口的实际控制每况愈下。加之明初建立的卫所体制趋于瓦解，官府对于纷至沓来的内乱外扰，往往疏于防范，疲于应对。鉴于保甲法能够加强实际户口的控制，强化治安管理和查举犯罪，越来越多的地方官员开始重视并尝试推行保甲制度。

正德十六年九月，明世宗即位之初，兵部尚书彭泽奏称："山东、河南、湖广、江西、福建、四川、陕西、山西及南北直隶地方多盗，乞敕各守臣精练卒伍亟行扑灭，有匿不以闻或练兵委非其人者不轻贷。其屯寨城池毁淤者、镇店关市墙垣倾圮者及时缮治，仍立保甲法，令蚤[早]莫[暮]伺察，毋得纵奸，有犯者连坐。庶几奸宄可弭，又请申敕邻边频海诸守臣抚理苗蛮，申严海禁，以杜衅端。上俱从之。"① 彭

---

① 《明世宗实录》卷六，正德十六年九月乙亥。

泽的提议揭开了嘉靖年间各地兴设保甲的序幕。

第一节　保甲制在浙江的实施

　　明代中期，曾任吏部尚书的杨博对浙江形势的认识是："浙江当天下财赋之半。顷岁海倭陆梁，东则宁、绍、温、台，西则杭、嘉、湖诸郡邑，横被蹂躏。以故增兵置师，加赋给饷，视昔数倍。近方稍宁，议者即欲罢兵辍饷。海上卒然有警，不知何以应之。况定海系倭人贡之道，尤为两浙门户。怀安攘之远图者，奚容以一日妄备哉！至于杭嘉湖地饶多利，俗尚纷华，赋役不均，逋负日多，救弊补偏诚为急务。处州依山，矿盗党与本众，且与衢、严、徽州之寇联踪哨聚，时肆剽掠。义乌民俗犷悍，窜名兵籍，散无所归，恐生他衅。先事预筹，不可不加之意也。"①

　　在"南倭北虏"的时代背景下，浙江的治安形势极其严峻。"浙江地方在边海则有倭寇，在内地则有盗贼，在河港则有盐徒，在山僻则有矿徒，中间外作向导奸细，内为接济窝家，往往有之。"② 地方形势恶化，实际与地方官府对户口控制弱化，加之卫所制度日益瓦解，基层秩序趋于失控有极大关系，凸显了实施保甲的必要性。嘉靖三十二年南京给事中张承宪在其"御倭方略"中提出"立保甲法团结乡民协力战守"。③ 嘉靖三十四至三十六年间担任南京工部尚书的马坤上疏请求在各地施行保甲："欲将土著之人，各就一乡，编入保甲，尽归团练。五人为伍，十人为甲，五十人为保，上下联络。委各府州县佐贰官贤能者，不时就其一乡团兵，阅其武艺。又因而稽其人丁，如有潜入贼中，

---

　　① （明）杨博：《总论天下郡县疏》，载陈梦雷编《古今图书集成》第 7 册《方舆汇编·坤舆典》第一〇七卷。

　　② （明）赵炳然：《海防兵粮疏》，载陈子龙编《明经世文编》卷二五二。

　　③ 《明世宗实录》卷四百一，嘉靖三十二年八月壬寅。

勾引或探听者坐罪。若有隐蔽，互相连坐。"① 南直隶、浙江、福建等地大范围推行保甲制，均在这一时期。鉴于浙江推行保甲的力度较大，也较为频繁，相关法规颇为完备，其中不少文献存留至今，可作为保甲法实施的典型地域加以研究，而以往相关研究很少，故笔者尝试收集整理当时官方法规、实录、地方志和时人文集中有关保甲的记载，对这一时期保甲法于浙江推行实施的具体情况作一系统的梳理研究，以此为例考察治安形势较为纷乱的明代中期保甲法在东南沿海地域的实施情况。

一 嘉靖之前与嘉靖前期保甲法的初创

（一）弘治年间温州府的保甲法

笔者考察史料发现，在明前期的宣德、正统之交，担任严州知府的万观，由于当地富春江"七里泷渔舟数百艘，昼渔夜窃，行旅患之"，而"令十艘为一甲，各限以地，使自守"，取得"由是无复有警"的成效。②

在民众中普遍实施保甲法的情况，可溯及弘治末年。当时文林出任温州知府，鉴于当地"人民知礼守法者固多，而奸顽故犯者不少，或白昼成群劫掠，或旷野结党杀人，或窝藏盗贼逋逃，或容留教唆词讼，或强弱众寡相邻相虐，或贫富智愚鼓弄吞并"，为强化治安管理，在府属各县推行系统完备的保甲法，规定以实际居住地为准，"不分城市乡村官民军灶，但团聚一处居止相连者，每十一户或十户置小圆牌一面，编作一甲，内举优者一人为首；每百户选金家道殷实、可为乡里表率者一人立为耆老，如无，原报耆民领之，称为一保。一里有二百户者设立二

① 参见（明）郑若曾：《筹海图编》卷十二下。
② （明）冯梦龙：《智囊全集》卷三《上智部·通简》，花山文艺出版社 1988 年点注本，第 169 页。

人，每保选持铎老人一名巡历告报"。

保甲法下，各家各户受到严密控制，互相监督，并以连坐法保障实施效果，"每十户之内善恶俱要互相劝戒，患难俱要互相救恤。如一户一人无故久出，必要追问所出下落；如一户一人满载而归，或牛马头畜，必要穷究所得来历；如一户有面生可疑之人，或私宰耕牛，或造作假银，必要询察就便报与耆老，其耆老容隐，许邻佑赴官陈首，罪坐耆老。一家为盗，本甲协同劝之攻之；一家被盗或患难，本甲并力助之救之；一家有犯，九家俱各坐罪有差。保内之人不听耆老戒止、不服约束者，许指实赴官陈告。若贼势众多，患难死丧，非一甲所能救济者，耆老劝令左右前后保内人尽行救助，如此则互相觉察而小民莫敢为非，守望相助而弱民得以有立，岂不成美好风俗！"此外文林特别规定："耆老耆民专为保民止讼，耆老等不得纤毫侵扰小民，各县不得将耆老凌辱及非礼差遣及起夫殃民与夫追并粮料、科敛财物，违者俱有罪责。"① 由此可见，保甲的职能专为"保民止讼"，与里甲"催办钱粮，勾摄公事"的职责判然有别。文林在温州府推行的保甲法，给日后嘉靖年间保甲法在全省大范围推广提供了经验。

（二）嘉靖初年浙南保甲法

沿海地区存在海寇侵扰，而内地山区则常有"矿徒"聚众与官府抗衡，浙南矿区实施保甲法也较早。嘉靖十五年，福建巡按御史白贵奏请在矿区居民中推行保甲："建宁境内故有坑矿数处，浙江温处矿从［徒］流聚其中盗铸，而居民为之接济藏匿，以故充斥山谷，有司不能制。请将各小坑归并大坑，以黄栢、止坪二坑为之总会，每坑择指挥二人更番守护，如前官直日有流徒盗采，必令驱逐宁靖，方许更代。至于

---

① （明）文林：《文温州集》卷七《保障生民贴文》。

近坑居人，悉编成保甲，分番守视，互相觉察。遇流徒啸聚，即令协力驱逐，有能擒捕，官为给赏。如有交通接济诸弊，责同甲首，不首而觉者十家连坐。建宁兵备岁遣有司巡视坑伤［场］，稽其功课，仍下温处兵备，将龙泉诸县平时采矿居民亦立保甲之法，即有流入闽中违禁盗采者，建宁兵备移文温处一例将所司连坐，以清奸本。"① 这一奏请得到朝廷批准，实施保甲的范围不仅包括福建建宁府，还涉及浙江南部龙泉等地，这些地方亦为浙江较早实施保甲法的地域。

二 嘉靖中期——保甲法的普遍展开

嘉靖三四十年间，浙闽沿海倭寇肆虐愈发猖獗，省会杭州府城亦受侵扰，故较早组织实行保甲。"嘉靖三十二年仁和知县赵周议上本府转白守巡道……然当周议编官夫时，寇延海上，院司各道议于城中编立保甲，意在觉察奸细而已。三十四年寇薄城，责保甲分番居守，且协地方火甲夜巡。此亦一时权宜耳，乃后视为常例。"② 嘉靖三十四年和嘉靖三十七年，在朝廷与地方大员的倡导下，浙江推行了两次大范围的保甲制，第一次覆盖宁波、绍兴等沿海各府，第二次则无分沿海内地，全省一体推行。

（一）保甲法在沿海各府的推行

嘉靖三十四年二月，工部右侍郎赵文华陈奏"备倭七事"，其中建议："令宁、绍、漳、泉等府编立保甲，自相稽察。凡民出心［必］诘其所向，入必验其所得，严以觉举之法，重以连坐之科。"③ 这一提请得到朝廷批准，并付诸地方实施。宁波府是这次推行保甲法的重点区域

---

① 《明世宗实录》卷一八九，嘉靖十五年七月丙寅。
② 万历《杭州府志》卷七。
③ 《明世宗实录》卷四一九，嘉靖三十四年二月庚辰。

之一，宁波天一阁保存的《宁波府通判谕保甲条约》（以下简称条约）清晰展示其具体实施细况。

该条约由宁波府通判吴允裕于嘉靖三十四年四月十八日编纂颁行。明代保甲条约，保存极少，故此七页之孤本，弥足珍贵。条约全文十二条，涉及保甲之职责范围、保长甲长之遴选、乡夫操练习武、甲内互纠及侦缉、保长甲长不得扰民、保甲之协防等等，对于研究明代保甲制度是非常珍贵的资料。^① 从该条约看，宁波府实施的保甲法具有以下要点。

（1）目的在于维护本地治安、查举犯罪。条约开门见山，指出"设立保甲只要就近团结乡民，同心合力察奸御盗，保护身家"^②。具体的措施，首先是对保甲内部的互相监视，"甲内各要时常互相觉察，如有人户无故出外，经久不回，及停留面生可疑之人，往来通同，图为奸利者，即便密报保长查实，呈官究治"。对于保甲内人户的各种违法行为，保甲头目必须加以制止，如不加悔改则须上报官府治罪，"甲内如有强、窃盗并窝主、掏摸赌博、放火抢火、打盐卖盐、起灭教唆抗帮词讼、行使假银、投托势要、违禁下海等项有显迹者，各保长俱要会同隔头、都头、里老谕令省改。如稔恶不悛，指实呈治，但不许假此报复私仇，起骗财物，诬陷平民，自招反坐。其积年应捕一身十党，伙结白役，纵贼分赃，主保私盐，名曰话巡，为害不浅，一体省谕呈究"。鉴于倭寇肆虐，防止保甲内人户私通倭寇是保甲的重中之重，"接济通番已有明例，罪在不赦。敢有怙恶不悛，所在保长并甲内人户指实呈首，照例给赏"。其次，是盘查外来人员。"甲内遇有奸细潜来，假装官吏、

---

① 参见陈时龙《〈宁波府通判谕保甲条约〉提要》，载《天一阁藏明代政书珍本丛刊》（19），线装书局2010年版，第337页。

② 《宁波府通判谕保甲条约》，载《天一阁藏明代政书珍本丛刊》（19），线装书局2010年版，第339—351页。（1）-（4）内引文均出于此。

生儒、僧道、商旅、星命医卜并赶唱乞丐等项名目，在于寺观及牙保娼优之家探讨事情，查访得实，即便擒拿送官，照例给赏。"

（2）与里甲组织互不相涉。里甲组织源于明初，权责为"催办钱粮，勾摄公事"，并负责每十年编纂黄册，记载地亩、丁口变更情况，作为征派赋役的依据。由于各地赋税多趋于定额化，在定期制作新的黄册时往往沿袭旧册上的户口名称，加之存在逃避赋役，隐匿户口的现象，到明代中叶，黄册载籍丁口往往已与实况大相径庭，因此需要根据实际户口重新制订保甲册。如若保甲册与赋役挂钩，那么必然迅速重蹈黄册覆辙，削弱户口管控的效果。因此，条约宣称，保甲册"今册成止呈海道衙门存照，绝无分发府县留民在官"，"日后亦不据此佥点大户、徭年增役、大造加丁"，"其一切勾摄词讼、催办钱粮等项，自有粮里公差，不许官司人等辄行着落，及朔望勒取结状，致生烦扰"，"各长不许指称官府使用并各项名色科敛银物，蠹害人户，及不许受词武断揽权生事，违者重治"，避免保甲制同赋税发生联系。同时，条约中强调保甲制不同于明初创建卫所时大肆征调丁夫驻防，而仅为守护本乡本土而设，"一乡止守一乡，并不三丁抽一拨守他处"，避免百姓背井离乡之忧虑。总之，排除一切可能导致隐匿丁口的因素，以强化官府对居住人户的控制。

（3）同武装动员密切结合。明代中期沿海卫所弊病重重，正如前文提到"今军伍空缺，有一卫不满千余卒，一所不满百余卒者……至于补伍食粮，则反为疲癃、残疾、老弱不堪之辈"，故此抵御倭寇除另行招募兵勇外，不得不仰赖民间自卫。条约规定，"其乡夫量地方险易佥点名数，每户只报户首一名，户丁自六十岁以下、十六岁以上悉听户首率领，赴团训练"，将青壮年男子悉数加以动员和定期训练，"每月初一、初二、十五、十六，保长同甲长、甲副、乡夫各于原定团所演习武艺，诸艺随便，射要兼通"，"本甲遇有警报，鸣锣为号。各甲随即鸣锣传报，远近各统乡兵策应捍御，务期克敌保境"，将保内壮丁训练造就为防卫乡土的基干力量。

（4）以法律责任保障实施效果。保甲制度的建立，究其实质，乃是国家政权鉴于行政能力有限，为维护统治，把原本由自身掌握的查举、打击犯罪活动的职责，强制转嫁给民间、乡邻的结果。广大民众在贼寇前来烧杀掳掠时，为保障生命财产安全，固然愿意联合奋起反抗，保守桑梓，而当违法犯罪行为并非针对自身身家时，则或徇于私情，或唯恐生事，往往不愿主动干涉。此外，当保甲法规对日常生计产生影响（如武装训练）时，民众也会消极应对。因此，官府在条约中制定了一系列规定，对违反、抵制、消极对待保甲法实施的行为予以处罚，如使用连坐法强化查举告奸的责职，"如知情故纵，一体治罪"，"若受财容纵，据法连坐"，"不许乘机打诈平人及索取一应买酒贩猪等人财物，事发计赃坐罪"。日常训练中，"如有恃顽不肯如期赴操，呈来责治"，"听本职间出不意抽甲校阅，果有成效即行奖赏，其或虚应故事者责究，并罪长、副"。盗贼来犯时，"如有自分彼此，逗留观望，致失事机者，法不□"。与此同时，对于切实贯彻保甲法卓有成效者，官府亦给予适当嘉奖。

（5）与乡约教化、慈善救济相结合。保甲制在承担维护治安，查举犯罪的首要职能同时，也被赋予乡约教化、慈善救济的部分功能，"即今兵事倥偬，创行保甲固以守望相助为急务，仍须出入相友，疾病相扶持，有过相戒，有善相劝，有贫乏便与周济，有争忿便与调和，期于风移俗改，邻里雍睦，乃为尽善"，从而贯彻统治阶级意识形态，消除"不良"思想，缓和社会矛盾。

（二）保甲法在全省普遍推行

（1）谭纶于通省范围推行保甲法

明代保甲法作为内乱外患时的权宜之举，有一值得注意的特点，即应时性与反复性强，一旦动乱受到遏制，局势稍转稳定，执行即趋于松懈乃至瓦解，直待局势变化时再次重申厉行。嘉靖三十七年，迫于形势所需，担任按察司副使、负责巡视海道的谭纶，重申实施保甲法，并将实施范围扩大到全省。

谭纶的保甲法规定："不问腹里沿海，与城郭乡镇去处，官吏、生徒、举监之家，务逐户挨查。每十家编为一牌……每一家一月内轮值三日……每一牌年轮一名为甲长，管领九家。每十牌，年轮一名为保长，管领百家。其中若有远出不归，或私收丝绵、火药等物，假名'走广'，前往通番，或逋逃海外，久不还乡者，许牌内直日之人报牌赴首，官为拿究，敢有隐匿，不行觉举，一家有犯，十家连坐，无容姑息。"① 其对提督浙闽海防军务的朱纨在福建漳州、泉州、兴化、福州等府推行的保甲规则作了充分的借鉴移植，两者存在较多共同之处，尤其是大量照搬了保甲组织建构方面的内容。②

（2）海瑞于淳安县贯彻保甲法

要评价保甲法的成效，不能单单研究上级官府的立法活动，应当同

---

① （明）郑若曾：《筹海图编》卷十二下。

② （明）胡震亨：《海盐县图经》卷六《食货》记载："嘉靖二十七年，海道制阃，行保甲法，凡城市乡村，十家编一甲，为一牌，不立牌头，每家直［值］一日，十日而一周，悬牌于门，互相讥察。甲内有不法未行，劝谕使改；不从，送官究治；通同不举者，十家连坐。又令每家置锐利器械，无事鸣金巡夜，遇警急鸣之为号，邻保响应，助擒盗贼。有司编保长，毋得脱漏士夫家，遇巨室占屋多，亦籍其分门分爨之人在牌，不得混免。"笔者推断，这段文字所述亦为谭纶施行保甲一事，"嘉靖二十七年"实为"嘉靖三十七年"之误。"每家置锐利器械……不得混免"亦是朱纨在福建施行保甲法的内容，为谭纶所借鉴。朱纨在福建实施保甲的具体内容，参见（明）朱纨《甓余杂集》卷八，《四库全书存目丛书》集部78，齐鲁书社1997年影印本，第194—196页。

时考察其在基层的执行实施情况。由于保甲法并非明代朝廷的"祖宗之法",而是各地官员根据本地实际形势拟定的措施,因此具备形式上的多样性。各府州县官员在贯彻上级的保甲指令时,亦往往根据本地方的地理环境、治安情势等,在保甲法的具体实施方式上,对上级的相关规定加以细化、变通乃至推进。这一点从海瑞在淳安县对谭纶保甲法的贯彻上即能体现。

海瑞于嘉靖三十七年出任严州府淳安知县,恰逢谭纶在浙江全境推行保甲法,海瑞积极贯彻奉行谭纶的保甲规定,并根据地方特点加以具体深化。在保甲体系的实际构建上,他采取因地制宜、灵活多样的方式,"若居止星散参差,难以齐一者,各随其居相近者为一甲,多或十余户,少或不及十户,但取守望之便,不必分析割补,拘定数目。多者接纸再填四五户于十户之后。遇有寺观去处,即尽其寺观内之人为一户"①。对于户内丁口的登记,海瑞的规定则更为细化,力求将所有常住人户和成丁纳入其中,"甲内有新来人户增入,新去人户开除。旬日雇工人止觉察来历,不书。论年月雇工人书入,去则除之。各户人丁年貌有册,牌上止书花名"。谭纶规定十户一甲,十甲为一保,海瑞则鉴于一甲户数不等,多有超过十户者,改为"三甲或四五甲内择有行止才力,为人信服之人为保长"。

海瑞对保甲法的另一深化措施,在于通过保甲建立巡夜制和乡兵制,以强化治安防范机制。王安石保甲法中已有巡夜的规定,是预防打击夜盗的重要手段。海瑞的巡夜规定为"一户每三人出一人巡夜,户有二丁亦出一人巡夜,户止一丁者免。领牌巡夜之人于是日是夜外出,则轮及别人,其人回日行补。……其巡夜领牌之人,各里递总甲自于格眼

---

① (明)海瑞:《保甲告示》,载陈义忠编校《海瑞集》(上编),中华书局1962年点校本,第182页。本段及下一段引文皆出此处。

下算一月三十日，某户该某日填写即是。一户一人一日，一户二人三日一夜也"。谭纶"议练乡兵之时，立为保甲之法"，并未将两者直接结合，而海瑞则完全在保甲的基础上建立乡兵制，"一户每三丁出一壮丁为乡兵，余人才力稍劣，虽时常习武，不充乡兵。如止一丁二丁，愿为兵弁，本县自行选佥。该图自行保荐者不在此限。每人随便各备好坚利器械，甚至贫不能备者亦备坚好木棍。遇有警各甲或鸣梆，或击锣，每三丁出一壮丁救援追捕。户止一二人者止于自户门首声援，莫远出。……里递保长人等，仍于稍暇召各人户各乡兵习学武艺"。海瑞为强化保甲实效，在强调责任机制的同时，亦对积极参与者给予津贴甚至奖励，"本县到图，试有武艺志肯向前者，给赏。去县不及三里者，调到县同在市乡兵操习。凡到县操试者，日给米一升，日中给果饼充午饭。实有武艺志肯向前者，给赏"。

三　嘉靖后期——保甲法的继续巩固

保甲法无疑对于遏制倭患起到了一定的作用，嘉靖四十年以后，浙江的倭乱较以往逐渐减轻。嘉靖后期，浙江历任督抚胡宗宪、赵炳然、刘畿等人均重视保甲法。总督胡宗宪的幕客郑若曾编纂的《筹海图编》《江南经略》等书中有许多篇章涉及保甲法的推行实施，措施十分详细具体。[①] 赵炳然出任浙江巡抚后，亦重申保甲严令，突出强调保甲组织的武装防御功能，"令各甲置办随便器械，一家有警，甲长鸣锣，九家齐应。如贼势重大，保长鸣锣，九甲齐应，一保鸣锣，各保齐应。有不出救应者，许被盗之家告官，或访出通行治罪"。南方多有聚族而居者，

---

① 　主要包括《江南经略》卷二《守城舆论》、卷七《弭盗事宜》；《筹海图编》卷十二《吴城保甲条议》等。

赵炳然将保甲与家族密切联系起来，"其山海之间，大族巨姓自相连合，力能拒寇，各保身家者仍立族长，平居有警，亦照保甲之法"①。嘉靖四十五年，总督浙直军务兼巡抚浙江的刘畿上奏朝廷，请求强化保甲法实施，兵部审议后认为"查得保甲之法节经言官建白，本部覆议极为详悉，合无依其所拟，备行刘畿转行直隶、江西并浙江各府州县卫所掌印巡捕官员，查照先今事理从实举行，但须合于民情，宜于土俗，不致骚扰，方为上策"，得到皇帝批准。② 在历任地方长官的坚持推动下，嘉靖中后期保甲法在浙江大体得到不间断地贯彻实施，为日后的进一步发展推进打下了基础。

第二节　其他地域的保甲法推行

无论南方北方、沿海内陆，地方官员推行保甲，目的一致，都旨在加强户口管理，稳定治安，强化统治。但是各地推行保甲法的实际背景则大不相同，南方内地大多缘于民变（流民骚动、少数民族反抗），东南沿海大多因为倭寇为患，北方边境则由于蒙古部落侵扰。据此，笔者对于嘉靖年间各地兴办保甲具体过程的研究亦分三个部分分别展开。

（一）南方内地

1. 湖广郧阳

湖广郧阳乃四省交界之地，明代初期尚地旷人稀，此后流民云集，

---

① （明）赵炳然：《海防兵粮疏》，载《明经世文编》卷二五二。实录记载为："巡抚浙江侍郎赵炳然陈海防八事：……四立保甲。浙地滨带河海，外倭内盗、盐贼、矿徒导引之，奸细接济之，窝主在在有之。宜挨屋编次十家为甲，十甲为保，各立之长，使练习技勇，互相讥察，协力防御，官司无得以他务烦扰。……部覆如其言。上皆从之。"见《明世宗实录》卷五二一，嘉靖四十二年五月庚辰。

② （明）杨博：《本兵疏议》卷二十《覆浙直总督侍郎刘畿条陈职守事宜疏》。

渐次开垦。英宗、宪宗时期，曾爆发大规模的流民暴动，"实为流逋渊薮，岁丰则火耕水种以避差，岁饥则啸聚争夺而为盗，其来非一日矣"①。早在明宪宗年间，即有官员奏请在当地推行保甲法。② 据嘉靖八年出任抚治郧阳右副都御史的潘旦指出："臣莅任二年，时加询访，中间流民有先年附籍，数姓朋户，今众至二三十丁，或五六十丁，自有附籍之心，后因府官科差烦重，随复逃移，版籍为虚者；又有流来年久，迷失乡贯，造屋买田，取〔娶〕妻生子不曾报册者；又有近年荒困，流移趁食未归者；又有逃军逃匠避罪不还者。"可见当时当地人员流动频繁，户口管理混乱。

为加强户口管理，潘旦提出"方今大造黄册在迩，乞敕户部行十三省布政司管册官及守巡道亲临地方，逐一清查。如先年附籍复逃虚户，即与开除；数姓朋户人丁多至十丁以上者，酌量分析；其有事产妻室未报册者，姑免问罪，即以附籍补填前项虚户格眼，一应差役比老户减半科差，以示存恤；其余近年流民或脱逃军匠、来历不明之人给示晓谕，限三月之内责令里老保甲邻佑房主逐之还籍，毋许窝容居住，如过限逐之不去，及去而复来，许里老保甲人等拏送州县正官，查照先年题准事例问发边卫充军，窝主同罪，里老保甲邻佑人等不举者一体究治"。潘旦的建议得到了上级的批准。从引文中看，当时郧阳地区民间已经有了"保甲"，其和里长、乡老、邻居、房东等均负驱逐流民、逃人的义务，并对隐匿流民、逃人的行为亦一体承担连带责任。里老保甲混为一谈，可见当时当地"保甲"的职责尚未与里甲等明显区分，也没有和黄册

---

① （明）梁才：《议处郧阳流逋疏》，载陈子龙编《明经世文编》卷一百五。本段同下一段引文未注出处者皆出此处。

② 《明宪宗实录》卷一五五，成化十二年七月丙午："北城兵马指挥司带俸吏目文会言：……荆襄上流为吴楚要害，民居星散，道路多通，欲于总隘处所添设府卫州县，创立铺舍巡司，先命官管束，不得扰害。凡五家立为一伍，十家置以为联，不许散处，立保甲之法，禁异端之教。"

代表的赋税体系分开，尚处于草创阶段。

2. 广西

"广西当岭南右偏，幅员甚广。国初以桂林为省会，肇建靖藩，于时编氓稀少，招猺垦荒。岁久蔓延，田土半为侵占，粮额日减，宗人日繁，禄粮、军饷支给不敷。昔惟府江五百余里，蛮獠阻滩为患。浔州大藤等峡，诸蛮巢穴其间。兴安西延陆峒，与武冈接壤，为猺盘据。又柳、庆以西八寨者，称盗薮耳。今则珠连绳贯在在有之。如古田、洛容、荔浦、思恩、怀柔等县为其蚕食，将无民矣。是以官多降调，惟事诛求，以致土官骄横，民散猺盛，越城劫库，残害方面，岂一朝一夕之故哉！"① 该省为壮、瑶、侗等少数民族聚居区域，局势复杂，时常发生民变。

广西出现保甲的雏形亦在嘉靖前期。如南宁府上思州，"原荒服地，民皆夷獠"，"嘉靖十四年督抚姚公加调三百，合兵为五百，金头目五人为五部，岁羁縻之，寝于农以俟征缴，自此为例，是为听调之兵。四乡一十九堡，堡各集兵百人，亦分为五部，如保甲之法，随村大小、丁夫多寡，一村有警，九村合援，曰乡兵。堡各有长，岁金巡哨，头目五人分总之，是为保甲之兵"②。这里保甲主要是指组建乡兵，而并未涉及保甲内部的犯罪行为查举，显然与内地的保甲法差别较大，而类似于内地的"民壮"。

大约同时，明军平定广西中部大藤峡（亦称"断藤峡""永通峡"）地区的少数民族反抗后，参议田汝成在当地归顺民众中实施强制迁徙和保甲法，以加强统治，防止再度叛乱，"宜仿古人保甲之法，

---

① （明）杨博：《总论天下郡县疏》，载陈梦雷编《古今图书集成》第 7 册《方舆汇编·坤舆典》第一〇七卷。

② 嘉靖《南宁府志》卷七《兵防志》。

使十家为甲，甲有总，五家为保，保有长，各就族类择其稍有恒业、能通汉音者为之，每月每保各以总甲一人出官应役，讲解夷情，周而复始，姑勿属之有司，暂从分守道管摄，使之习见化理，驯变蛮风。仍先计口科粮，不必履亩课入，大约三十取一，岁令保长征催，别贮一仓，以便会稽。授廛之初量给种子，五年之后稍派粮差，至此始付县官"①。从上文看，此处虽名为保甲，但重点并非治安，而在于征课，实际上更接近于内地的里甲。其后广西巡按御史何赞向朝廷奏称："桂、柳、平、梧所属诸州县猺獞盘据，屡闻警变，宜亟命两广抚镇选将征兵渐与剿除，仍令科道官各一员调度纪功。其余党听抚者则檄有司编置保甲拊循之。"② 保甲法在实施地域上进一步扩大。

3. 贵州

"贵州初属四川行都司，永乐年间始建省治。官则流土相参，民则汉彝杂处，不当中土一大县一线之路。外通滇南。黎平寄治湖广五开卫。铜仁僻处万山。都匀程番与广西接壤，土酋仇杀，素称难治。镇远湖广之冲，西水背山，险颇足恃。思州石阡孤悬一隅，势可隐忧。惟思南城下有江，足通舟楫。"③ 该省亦为少数民族聚居区，在明代多次发生民族叛乱。王学益在当地首次推行保甲，他于嘉靖"二十四年由应天府丞升左佥都御史，以贵州多盗而弭盗之法莫切于保甲，作保甲谕"④。其保甲法曰：

> 大约以十家为一甲，每家各置一小牌，十家共制一总牌。小牌

① （明）田汝成：《断藤峡事宜》，载陈子龙编《明经世文编》卷二五七。
② 《明世宗实录》卷二六六，嘉靖二十一年九月甲戌。
③ （明）杨博：《总论天下郡县疏》，载陈梦雷编《古今图书集成》第7册《方舆汇编·坤舆典》第一〇七卷。
④ （明）张萱：《西园闻见录》卷九十六《政术》。

揭各门首，总牌轮次收掌，令各以吾告谕之意日相传宣，使各欣欣日劝于善，父劝其慈，子劝其孝，兄劝其友，弟劝其恭，夫劝其和，妻劝其柔，邻里劝其修睦，朋友劝其敦信，差役劝其勉供，赋税劝其早办，生理劝其勤治，无益劝其节省，酒劝其无多酗，鬼劝其无多惑，凡处事劝其谦慎含忍，凡同甲之人相亲相爱，若有空乏疾病相与恤之扶之，若有争而至于讼相与和而解之，若有不道不法不可谏者相与告于官而正之告之，而力有不行相与合甲而共正之，若有水火盗贼之灾十家共出力而救之，救之而力有不及则以甲传甲合百家千家而共救之，仍每家各以其力置为御盗之器、止火之具，使无至于临事束手，则虽以十家为保，实以百家千家为保矣。①

按照其保甲法，在各家之上，仅设"总牌"统辖十户，层级较为简单。与王守仁保甲法类似，"总牌"不设首领，由十家"轮次收掌"。除了御盗这一固有功能外，保甲组织还须配置灭火工具，以备救火之用。其保甲法的另一特点是突出强调保甲组织教化劝善功能，而此职责在内地一般归属"乡约"范畴，并非保甲的本分，但也由此可见，将乡约和保甲结合，在嘉靖年间即有实施。

到了嘉靖三十一年，新任巡抚刘大直鉴于地方局势不稳，重新贯彻保甲法，"每大屯寨各选有身家晓事众颇信服一人为保长，一人为保副，一人为总牌，一人为小牌，小屯寨量立一二人，各置保木牌一面，备写一屯寨成丁男子姓名年貌，付保长副收掌悬挂。每屯寨置铜锣一面，如遇盗贼出没，一屯鸣锣，各屯寨响应，号众救援，并力追捕，一寨尽行擒拿。如贼势众大，一面号召经过屯寨合并追袭，一面走报巡捕官目拨

---

① 嘉靖《贵州通志》卷十。

兵应援，务抵贼巢剿捕解验，照格优赏，如有坐视不出救援追捕，即系通贼窝贼之人，定行连坐拿究。如各屯寨被官吏科害、奸徒拨置及人命、地土钱粮、斗殴仇歹，保长副、总小牌不能剖谕众情，许执保甲牌面径赴所在官司及各司道并赴本院禀告，以凭断治。……每月屯寨朔日各带保长将地方无事情由赴院回话。一年之间地方宁靖，即尔官目之功，并将保长副、总小牌通行犒赏"①。相比王学益的保甲法，刘大直的保甲法不再涉及教化功能，而是突出防御盗贼、查举犯罪的职能，且设置首领专管其事。对保内人员，尤其是首领的相关义务责任作了较为细致的规定。

此后，保甲法在贵州又被多次重申。嘉靖三十八年巡抚贵州都御史高翀"称贵州军民鲜少，多系江西川湖流民侨居生事，宜申明保甲以稽土著"②。嘉靖四十四年巡按贵州御史邵光先条议地方事宜："苗夷犷狞作梗衢路，宜令土司酋长所部境界略仿中土保甲之法互相觉察，如遇盗贼窃发责其捕获解官，如有容纵等情究治。"③ 可见保甲不仅施行于当地汉族聚居区，同时也推广到少数民族聚居地域。

4. 四川

明代中叶，"四川西南奥区，上则松、茂、建昌番蛮时肆侵暴，下则播酋、石砫土司互相劫掠，控制消弭，非一朝可图者也。成都素称沃野，赋重役繁，供亿称诎。叙州地饶，而高拱诸蛮兵费不赀，且大木多产其境，采办之扰商民残疲。重、夔土寇连结。施州诸蛮虔刘未已，而妖人内讧，受患尤烈。保、顺冲疲，民朴务简。马湖僻小，民夷相安。龙安新造全在经始。大抵蜀地番汉杂处，气习靡淳，地里辽邈，巡历难

---

① 嘉靖《贵州通志》卷十。
② 《明世宗实录》卷四七一，嘉靖三十八年四月庚戌。
③ 《明世宗实录》卷五五三，嘉靖四十四年十二月癸未。

遍，加以大木之困，大兵之残，民贫多盗，势使然也"①。

嘉靖二十六年张时彻任四川巡抚，在此之前，四川各州县已经设立保甲，然而"查得各州县保甲之设专为防御盗贼，近访得各该有司掌印并佐贰首领官员奉委踏勘灾伤，或因清查塘堰，或因检验死伤，或因追并钱粮，随带吏书门皂人等一二十人下乡驻扎各堡，供给俱出保甲，仍百计需求上宜。又令各备夫马，一堡递送，一堡小民受害莫可谁何，以致因而将原设堡寨废弛，使贼盗易生，贻害地方"②。张时彻下令在四川各地重新贯彻保甲法："仰各该有司务照旧规，于每五里设一堡，因地定立，其山谷深僻、住居星散者听从民便，相度地利，相依居止，互为保聚。编十夫以为甲，置一小粉牌开具各家姓名、人口及所务生理，命骁勇小甲一人以领之。编十甲以为一堡，置一大粉牌，止开具各家姓名，择公正堡长并总甲一人以统之。其四方逋播之民，佃田居住有地主管束者一体编入保甲，如来历不明及无底业者不许容留。同堡之人各备坚利器械以时习武，一遇有警鸣锣击鼓以相号召，各堡齐举或分布策应，或聚要把截，或并力救援。其有懈弛失事者，如一家失一物，则公罚于百夫之内陪［赔］偿，务使地方宁谧。每月朔各堡□□结止，令堡长一人赴掌印官处投递，其各□□员奉委下乡，遇脱止许歇宿寺观，自备饮食，不许仍前驻扎，各堡亦不许巡捕官前去点闸骚扰乡民。如有仍蹈前弊，定行拿问重究，其上司及使客过往亦不许责令号召迎送。"

张时彻在四川推行的保甲法体系层级严密，分设"堡""甲"两级，各设首领，以加强管理户口、查举打击犯罪为唯一宗旨，强调民众的武装操练，明确法律责任，显然完全符合笔者归纳的保甲四要素，可

① （明）杨博：《总论天下郡县疏》，载陈梦雷编《古今图书集成》第7册《方舆汇编·坤舆典》第一〇七卷。
② （明）张时彻：《芝园集·别集·公移》卷五《祛积弊以苏民困案》。本段引用皆出于此。

见嘉靖中期保甲制度在四川业已成熟完善。此外需指出，张时彻保甲法的基层编制是以十夫为一甲，而非其他地方普遍的以十户为一甲，这一点较为独特。

5. 江西

"江西介吴楚闽广之间，土薄民勤，俗尚俭啬，颇称安壤。南昌省会冲繁，吉安健讼奸猾，至于豪右掣肘，田粮逋负，则二郡同也。南赣密迩闽广，巢寇时发，而赣当其冲，故军门、兵备、参将在焉。饶州南枕彭蠡，九江东据上流，江湖水寇四出为患，而饶郡内有藩封，邑多顽梗。瑞州地狭民顽。抚州讼繁多盗。袁州、临江、建昌、广信颇称饶庶。第袁州界湖，水寇当责抚臣，南赣山寇当责督臣。"① 在卸任四川巡抚两年后，张时彻于嘉靖二十八年出任江西巡抚。江西早在正德年间即由王守仁推行保甲法，然而"前院举行保甲之法已为周悉，但有司奉行不至，以至盗贼仍复横行。其窝主或以土豪稔恶，或倚官势为奸，坐地分赃，集众拒捕。若不痛加诛翦，将来蔓延无极"。鉴于治安形势不佳，张时彻上任后重申保甲细则：

> 即便通行各县，查照前院原行督率各掌印官着实查举，十家为夫，夫有甲；十甲为保，保有长；十保为乡，乡有总有副。平时则相察，有警则相助。□俱要排门粉壁备书本等生理、大小丁口姓名，凡有出入，俱要询其向往及查回还日期，不许容留面生可疑之人，致生奸细。如一人犯罪不行举首者，九家并乡长、保长人等连坐。其十家为夫，夫有甲，甲置牌一面，备书十户姓名；十甲为保，保有长，保置牌一面，备书百户姓名；十保为乡，乡有总有

---

① （明）杨博：《总论天下郡县疏》，载陈梦雷编《古今图书集成》第 7 册《方舆汇编·坤舆典》第一〇七卷。

副，保置牌一面，备书各家各保姓名。其大小人户俱要制造器械，听从乡长约束，乡总、乡副、保长仍要将平素身家无过者遴选充当，不许听令积年狡猾棍徒营充，只为民害。俱限一月以里通将编完过各乡总副保甲及人户丁口姓名备造方册，一存本州县，一差人赍送本院查考。至于拿获盗贼，务要严究窝藏人户，家产以盗赃入官，犯人依律法处死，党恶家众俱从重处置，以靖地方。①

鉴于州县"未见着实举行"，"玩寇殃民"，张时彻再次下令严行保甲，强调保甲人户查举不法和抵御盗贼的责任："先行保甲之法，查审丁口，备□牌面，置备器械，各立约号，在平居互相觉察，不许□奸窝盗，遇行旅共为盘诘，不许横行径逾，但有或□返窥探，或三五成群，或暗藏兵器，或佯为买卖，或假以乞丐募缘为名，或指称解囚捕盗差遣者，即便会集保甲细加审问，查验牌票，跟求下落，凡踪迹可疑及语言恍惚者，就绑送官司究问。端的万一卒然流劫，登时鸣锣聚众，并力擒拿，又或势不能敌，致有失事，星驰报官发兵追捕，仍须各乡彼此应援，不许纵贼过界。巡捕官仍分拨差人体访，如有仍前不行防御及失事不报官司者，即将保甲通拘重治，乡长收监，家属严限责并缉捕，获贼之日方行发落。各乡长每朔望将获过盗贼及有无盗贼生发缘由结报巡捕官。"②

张时彻以江西原先实施的保甲制度为基础，结合在四川推行保甲的经验，重新制订保甲法。将该法和正德年间王守仁推行的保甲法作一比较，可以发现其基本特点和形式是类似的，但亦有两处主要差别：一是正德年间保甲仅"保—甲"两层级，各保所辖甲数未定，且甲不设首

---

① （明）张时彻：《芝园集·别集·公移》卷五《弭盗贼以安地方案》。
② （明）张时彻：《芝园集·别集·公移》卷五《严捕盗贼案》。

领，各户轮流负责，而到嘉靖年间保甲已分为"乡—保—夫（甲）"三层级，各有首领，层层统辖，组织体系更趋严密；二是正德年间保甲除查举不法、维护治安外，还担负征调赋役及调处纠纷的职能，和里甲、乡老等的作用有重叠之处，而张时彻将保甲的职责仅限于查举不法、维护治安，同里甲等其他组织的职责判然分开。可见江西的保甲制度至嘉靖中期，业已更为成熟完善。

张时彻离任后，保甲法的实施趋于松弛。嘉靖三十四年，蔡克廉出任江西巡抚后，再次申明在全省推行保甲法。值得玩味的是，他对于保甲法实施现状发出的慨叹与前任张时彻可谓如出一辙，"先任提督南赣都御史阳明王公申明十家牌法，传之至今，法非不在而应以虚文，人人皆曰可行，至举而施措则相与观望推延"。蔡克廉强调保甲法的抵御盗匪、打击不法的职能，"先将目前最切防寇安民一事，因俗弛张，迎击利导，分定款式于后，要在着实必行，中间不书妇女、幼丁，不书田产物畜，寇盗之外不察他奸，长副之身不应公役，编金听其自推，联络惟其所便，有司不许勾摄，吏卒不许需求，册籍免造，结状不烦，无非欲其简易可从、真实能久也"①。

到嘉靖晚期，江西的保甲制度在体系结构方面又有了变化。隆庆《临江府志》关于保甲记载道："近年事例，各乡村并随民居多寡，十家立甲长一名，五十家立保长一名，百家立团长一名或二名，小有警互相救援。"②原来的"乡—保—夫（甲）"三层级演变为"团—保—甲"三层级，"保"由原来管辖十夫（甲）共一百户改为管辖五十户，通过缩小规模强化管理效果。嘉靖四十年（辛酉年），"倭寇毒闽广，闽广恶少乘势煽乱"，临江府辖县受到波及，"抚院行文民居五

---

① （明）蔡克廉：《可泉先生文集》卷十五《公移·保甲条规示文》。
② 隆庆《临江府志》卷九《操练》。本段引用均出于此。

百家立党正、副各一人，统五村长，每村长一统十邻长，每邻长一统十家，大小相维，有保障功"。保甲体系又演变为"党—村—邻"三级，每"党"管辖五"村"，每"村"管辖十"邻"，但其实质并未发生变化。

6. 广东（主要为粤北山区）

嘉靖年间，广东的治安情势亦颇不佳，尤其是粤北山区，少数民族抗争纷起，盗匪滋生，"广东介岭海间，昔称饶富，然地远法疏，官多黩货，以致山海诸寇联踪哨聚，师旅繁兴，民之残疲既极……故广、潮、惠、肇、南、韶诸郡，盗炽事繁，选用守令为急。雷、廉、高、琼诸郡民淳务简，稍为次之"[1]。嘉靖前期，"布政使徐干橄所属州县举行所定保甲之法，使乡村用为声援，亦防御之一端也。而诸山新民则督抚徭里长，令其旬朔至县庭禀受法令，俾其自相约束，无得侵犯。其愿就民居者亦听其移徙，则狙狯之习可以少变而地方亦奠枕矣"[2]。可见，此保甲法的重点在于加强对粤北山区少数民族的控制。

嘉靖末年，分守岭南道参政郭应聘，鉴于"广之为民害者莫甚于盗贼，迩年以来纵横肆出，民无宁宇，或遭捉掳之患，或罹劫夺之苦，或坐扳污之累，遂令稍有赀产者不敢村居，素称良善者至难自保，舟中皆为仇敌，郭外即为畏途，民生之不安甚矣"[3]，在下辖的广州等府所属各州县推广保甲法。

郭氏保甲法的一大特色在于将保甲和乡约合于一体，"责令各图里

---

① （明）杨博：《总论天下郡县疏》，载陈梦雷编《古今图书集成》第7册《方舆汇编·坤舆典》第一〇七卷。

② （清）陈梦雷：《古今图书集成·职方典》卷一三九三《广东猺獞蛮獠部汇考一》援引嘉靖《广东通志》。

③ （明）郭应聘：《郭襄靖公遗集》卷十二《乡约保甲议》。下两段引文未标注者亦出于此。

长各乡如一百家以上者择一人为约长，二人为约副。其所谓约副，二百家以上者择二人为。约长、约副不问乡官举贡生员，凡有恒产而行义，为一乡信服者皆可推举，县官以礼而敦请之。约长约副既得其人，即令将本乡居民每十家编为一甲，其零户不成甲者入于末甲之后。一甲又推有身家者一人为甲长"。这里的约长、约副也即其他地方的保长、保副，同时承担保甲稽查和乡约调解的职责。在保甲稽查方面，亦借鉴王守仁的保甲法编制十家牌，"（甲长）自置横牌一面，界定格眼，将十家挨次顺写门户、籍贯、人丁、生理，如阳明王公行于赣州牌式，付之里长送县……将牌令十家轮流悬挂，各该约长、约副、甲长务须严加约束，互相觉察，各甲内如有积年惯恶、强盗及开窖藏人、坐地分赃真实窝主，各约长、约副责令甲长执获送官，其系贼犯仇扳同徒寄赃照捕照提。有名者及平时窃取鸡豚禾稻之徒，俱准赴约长、约副、甲长处首明，取具户族并同甲保认甘结领回，改行从善，以开自新之路……此后各甲之内敢有一人仍前为非，甲长知会约长、约副查其的确，即便执送呈治。如有阿纵不举及事发而捏词保结者，九家俱连坐以知情之罪。其有专务赌博游荡之徒，一并呈究"。在抵御外来盗匪方面，郭氏保甲法谕令"上中人户量派出银置备锣鼓铳药，甲长率令各甲丁夫自备枪牌器具，时加防范。一遇本乡有警，俱要齐出救护。其上户及有职役之人许以义男代替，如获有功一体解官，照格给赏。其各乡出入总路，俱要建设闸门，其余旁蹊曲径尽令堵塞，以便保障"。

在乡约方面，约正、约副、甲长等首领须承担宣扬教化、调处纠纷的职能。"每月朔望约长、约副、甲长会于公所，劝谕乡民务各孝顺父母，尊敬兄长，教训子孙，和睦乡里，患难相恤，守望相助，善相劝勉相告戒，务为良善之民，共成仁厚之俗。间有贫难下户无田可种、无艺可营者，劝令上中人户收为佣雇，无令流移。其尤老弱疾病无依者结送有司收之养济院，无令失所。若有户婚田土不平及斗争小故，即与处分，毋令缠。"尽管保甲和里甲组织互相独立，各司其责，但在勾摄公事方面，保甲有配合里长的义务。"官司拘拿贼犯人命重情，不必差人下乡，只许里长赍牌至约长、约副处，查系某甲长管下，即唤令同甲拿获，约长、约副、甲长共出结状，付里长并同甲一二名解送。"嘉靖四十五年，官府平定了粤北山区的骚乱，郭应聘在当地重申保甲法，内容大体与之前相同，以强化防御盗寇的功能。①

（二）东南沿海

明代中期东南沿海倭寇横行，实为多事之秋，"盖江南海警，倭居十三，而中国叛逆居十七也"②。这实际与地方官府对户口疏于控制和卫所制度日益瓦解、基层秩序趋于失控有很大关系，凸显了实施保甲制的必要性。嘉靖三十二年南京给事中张承宪在其"御倭方略"中提出"立保甲法团结乡民协力战守"。③嘉靖三十四至三十六年间担任南京工部尚书的马坤上疏提请在各地实行保甲："欲将土著之人，各就一乡，编入保甲，尽归团练。五人为伍，十人为甲，五十人为保，上下联络。委各府州县佐贰官贤能者，不时就其一乡团兵，阅其武艺。又因而稽其人丁，如有潜入贼中，勾引或探听者坐罪。若有隐蔽，互相连坐。"④南直隶、浙江、福建等地大范围推行保甲，均在这一时期。浙江保甲法在上一节已作专题论述，以下主要讨论南直隶和福建的情况。

1. 福建

"福建僻在南服，昔称沃壤。顷缘岛彝入犯，山寇内讧，地方荼毒

---

① （明）郭应聘：《郭襄靖公遗集》卷十二《二源等地方善后议》。
② 《明世宗实录》卷四〇三，嘉靖三十二年十月壬寅。
③ 《明世宗实录》卷四〇一，嘉靖三十二年八月壬寅。
④ （明）郑若曾：《筹海图编》卷十二下。

极矣。大抵福、兴、泉、漳以海为襟，民习犷悍，而月港、海沧、诏安、漳浦、同安、福清等县则为溟渤要害，延、建、邵、汀以山为枕，民多负固，而上杭、永定、大田、永安、松溪、光泽等县则为逋逃渊薮，福宁居通省上游，八闽喉舌，南粤系广闽交界，倭寇巢窟，地势民情尤难控制。且闽中地狭民贫，残伤之余钱粮无措。"① 在这样的情势下，建立保甲制在众多地方官员看来乃是当务之急。

嘉靖中期，负责守备汀、漳二府的指挥俞大猷因"夫闽海之盗，沿海居民为之尔，固非至自他省外国。为今之计必缓治盗而急治民，略于外而严于内"，向提督浙闽海防军务朱纨建议在漳州府施行保甲法，"必责巡海道来驻漳州，令能干府官一员亲诣沿海乡村挨门报丁，十家为甲，甲有甲长，十甲为乡，乡有乡长。一家为非，罪连一甲，一甲为非，罪连一乡；一甲有难，一乡救之，一乡有难，邻乡救之。承委之官经年累月往来巡视，五申三令，务至成俗，则一切通番接济坐地之徒皆可渐除，一二年后盗贼自然屏息矣"②。

朱纨鉴于"漳州等府龙溪等县沿海月港等地方无处不造船下海，无船不登岸行劫，外通番夷，内借巨室，勾引接济，积习成风，官兵受其钓饵，远近受其荼毒，若非修明保甲之法，为收涣防微之计，虽月易把总，日枭犯人，莫之禁也"，于嘉靖二十六年十月下令除漳州府外，泉州、兴化、福州三府所属沿海州县亦一体举行保甲。

朱纨的保甲法借鉴了正德年间王守仁在赣南推行的保甲法，并作了进一步的深化，内容详尽具体。笔者拟从以下几方面对其加以研究分析。

（1）组织体系构建。朱纨的保甲法与多数保甲法相同，将"十家

---

① （明）杨博：《总论天下郡县疏》，载陈梦雷编《古今图书集成》第7册《方舆汇编·坤舆典》第一〇七卷。

② （明）俞大猷：《正气堂集》卷二《呈福建军门秋厓朱公揭议汀漳山海事宜》。

编作一甲"，设立十家牌。朱纨借鉴王守仁的经验，"新建伯云一立牌头，即钤制各家或有侵扰"，故此"十家牌不立牌头"，故令各家依次轮值，"每月一家轮值三日，第一家轮初一、十一、二十一日，以次分去，第十家轮初十、二十、三十日，互相讥察，轮日者悬牌于门"。

朱纨对挨门编甲方式的规定非常详尽，"如自东巷门起，则于牌格内左甲尾下填注东巷门字样，从西顺挨，一赵甲，二钱乙，三孙丙，四李丁，五周戊，六吴己，七郑庚，八王辛，九冯壬，十陈癸，各填注明白，即于右甲头下填注褚子姓名，是为第一甲。其第二甲牌格内，左甲尾下填注陈癸姓名，亦从顺挨，一褚子，二卫丑，三蒋寅，四沈卯，五韩辰，六杨巳，七朱午，八秦未，九尤申，十许酉，各填注明白，即于右甲头下填注何戌姓名，是为第二甲。其第三甲牌格内，左甲尾下填注许酉姓名，亦从顺挨，一何戌，二吕亥，三施口，四张地，五孔玄，六曹黄，七严宇，八华宙，九金洪，十魏荒，各填注明白，即于右甲头下填注陶日姓名，是为第三甲。其余四五等甲南西北等巷门俱仿此"。对于无法凑成十家的零散人户，朱纨的方法是"如本村计一百零九家，该编十一甲，则十甲十家完全，末甲少一家，酌量九家内一家有人力者重填，牌内一行八家每月各轮三日，此一家独轮六日，务足十家之数，其一百零七八家以下俱仿此。如本村计一百零一家，该编十甲，则九甲十家完满，末甲多一家，酌量十一家，内人力寡弱者两家共填，牌内一行九家每月各轮三日，此两家共轮三日，亦足十家之数，其一百零二三家以上亦仿此。又如此村孤庄止有二三家或一家，则附于邻近四五里村内，即十里二十里亦不可已［以］遗，漏者问治"。这一编甲方式，后为谭纶全盘借鉴，应用于浙江通省推行保甲法中。

保甲并非单纯的职役，而是旨在维护治安稳定，打击不法行为的户口管理体系，故力求将全部户口纳入其中。"官吏、生儒、军匠人等虽有见行优免事例，惟此与差徭不同，不许容情优免，其有职役人氏以家丁报名一体轮直。盖论优免，则假托窝占之弊作，不如不立保甲之为愈也。"其在承担巡夜等职责上也与其他民户一体担当，即便另有公务，也要派家丁顶替。同时，"填牌但照今式，勿增报事产等项，使人惊疑"，防止百姓唯恐照保甲与赋税挂钩而故意隐匿户口，从而削弱保甲的实际效果。

除了隐匿户口逃避保甲登记，乡民畏于豪绅巨族威势，难以对其实施有效监督，是保甲法效果受限的另一个重要原因。朱纨治闽，厉行打击无视法令，私通海外的世家大族。他强调"保甲之法操纵在有司则可，操纵在巨室则不可"，指出，"编甲虽以十家为率，然须略较强弱为之节制，如九家单丁独门或贫难佣贱，一家共户分门或共门分爨或富盛事豪，若概编一甲，则牌虽轮直，九家绝不敢讥察此一家。此一家足以奴隶此九家矣"。因此，须将世家大族按实际居住情况进行拆分，"必查共户分门者，每门填入牌内一行，共门分爨者每爨填入牌内一行，富盛势豪者虽无分门分爨，亦照依门面间数分派弟男子侄填入牌内几行，此西汉分王诸侯子弟之近意，也是在有司斟酌体行耳"。

（2）保甲的武装动员。明代中期东南沿海卫所制度名存实亡，防守空虚，故抵御倭寇盗匪不得不仰赖民间的武装动员。朱纨规定："甲内每人各置锋利器械一二件，各自随身防护，每一村一巷共置铜锣一面，付保长或总小甲、应捕收掌，居常无事则用以巡夜，照依更数徐鸣，一遇有警则急鸣为号，邻村邻巷一以传十，十以传百，远近响应，各执器械并力擒拿，不许自分彼此，故纵取罪。"可见，朱纨有意将保甲和总小甲这两种相互独立，但有共同目的的机制结合起来，加强武装应对盗匪的作用。

（3）以法律责任保障实施效果。在讨论浙江的保甲法时业已提到，保甲制度的建立，究其实质乃是国家政权把原本由自身掌握的查举、打击犯罪活动的职责，强制转嫁给民间、乡邻。因此朱纨在保甲法中制定了一系列规定，对违反、抵制、消极对待保甲法实施的行为予以处罚，如使用连坐法强化查举告奸的职责，"每日莅事，但遇一人违犯，同甲不举者即揭前册，查系某地方某甲某日某人，连牌通拘到官，治以不举之罪"。盗贼来犯时，"寇至不救，或人逃不追等项，责限挨拿，必获乃止"①。

朱纨创设的保甲法是对王守仁保甲法的继承和深化，也是明代福建地区首次在较大区域内系统推广保甲制度。然而，由于朱纨的各项政令严重侵犯了当地士绅豪强在地方的权势和依靠海外贸易谋生民众的生计利益，受到多方弹劾反对，最终罢官身死。而朱纨之后，出于形势需要，仍时有官员提出在福建沿海施行保甲法，如嘉靖三十四年，工部右侍郎赵文华陈奏"备倭七事"，其中即建议："令宁、绍、漳、泉等府编立保甲，自相稽察。凡民出心〔必〕诘其所向，入必验其所得，严以觉举之法，重以连坐之科。"② 各县在保甲方面也多自行举措。③

2. 南直隶

自明成祖迁都后，南京仍然是明朝的陪都，南直隶地区也是政权的根本重地。"应天赋重役繁，颇为难治。苏、松、常均称烦剧，苏为最，松次之，常又次之。至于岁遭水患，时增军饷，则三郡之通患也。镇

---

① （明）朱纨：《甓余杂集》卷八，《四库全书存目丛书》集部七八，齐鲁书社 1997 年影印本，第 194—196 页。各条目次序因分类需要略有调整。

② 《明世宗实录》卷四一九，嘉靖三十四年二月庚辰。

③ 乾隆《龙岩州志》卷六《武备志·保甲》："明嘉靖中，军门朱纨立十家甲法，给事中袁世荣复奏令海滨郡县择佐贰巡捕官，给札团练。各乡择才干一人为团长，纠壮勇肄习武艺，有警听调，自战其地。后龙岩及漳平、宁洋民多自置团操演，立堡以卫。每遇盗贼窃发，知县调乡兵剿捕，颇为得力。"

江、太平、宁国、池州、安庆民朴产瘠，吏事殊简，不甚难治。徽俗鄙吝健讼，弃本逐末，顷者且有矿寇，守令非廉而有威者不能安于其职。江以北，庐为善地，扬冲而俗侈，淮安转漕烦剧特甚。凤阳地广大荒，与淮北一带，不困赋而困役。徐、邳俗悍业盐，水陵孔道，州邑疲敝，一望萧条。不当以江北简易论也。"① 为了防倭、御盗，巩固统治，南直隶各地在嘉靖年间也陆续推行保甲法。

嘉靖中后期，南直隶倭患亦极严重，南京操江都御史蔡克廉于辖区全面推广保甲法，加强基层控制，详细登载户籍：

> 保甲之法屡经前院有行，缉盗安民莫此为要，而有司不以奉行者何哉？文书到日，各府州县即将所属不论都市乡村沿江沿海山场洲沙等处，亦不拘军民匠灶等籍，每十一家编作一甲，内选一人有力量者为甲长，置一小木牌，将十家名姓开写牌内，付甲长；十甲编作一保，外选一人有行止力量者为保长，置一大木牌，将十甲名姓开写牌内，付保长各收执。或村落偏僻人烟稀疏，取其地里之便，虽一二里编作一甲一保可也。若果不成保，止编入附近甲保下带管。编立已定，就令保甲长将各户男子大小几丁、年貌、生理、左右邻居细开报官，两月之内类造文册二本，一存州县，一送本院。仍仿粉壁事体，照册写票用印，每户各给一张，于门首粘贴，使众通知，互相觉察，但有面生可疑及不系本处人民、不务本等生理者，即行首举，若其容隐连坐。地方或遇盗贼生发，务须集众齐心协力应援，不得坐视。保甲长止是保护防御一事，不可因而武断乡曲。官府亦不得别有差遣需索。②

---

① （明）杨博：《总论天下郡县疏》，载陈梦雷编《古今图书集成》第7册《方舆汇编·坤舆典》第一〇七卷。

② （明）蔡克廉：《可泉先生文集》卷十五《公移·操江事宜》。

从州县基层看，嘉靖二十九年出任六合知县的董邦政，鉴于盗匪猖獗，厉行保甲。"保甲之设亦古人守望相助之意，屡经操巡两院出巡明示，但有司不肯奉行耳。此法一行，真可息寇。六合小邑在京卫所屯田三十有六，民寡军多，往者保甲之法不立，水陆之寇多匿军屯，本职近者力行之。一月之间得强窃盗拐带四十余人，地方以宁，此其明效也。"① 关于留都南京及其周边区域的保甲制实施，下文将作专门论述。

嘉靖三十二年倭寇大举进犯江南一带，此时董邦政因政绩突出升任苏松海防道佥事，在各地强化保甲法的实施，应对倭患，"其在崇明、泰兴、靖江、太仓地方尤为急务，如穿心港、史家港、沙河港、地法港、黄家港、万寿寺新港、急水港、庙港、青草沟、过船港、吕家港、圌山、黄山门、周家桥盗贼聚啸，出没之区虽曰恶土，其中未必绝无良民，姑宥既往之愆，自本院颁令为始以后，有仍前不悛者，许同保同甲之人举首，仍将其家劫得财物赏之，否则连坐。行之之久，其盗亦可弭矣"。由于倭寇为患，威胁到南京应天府的局势安全，同年南京兵科给事中贺泾条奏拱卫留都七事，其中包括："五、诘奸细。京城内外及徐、滁、和地方宜编立保甲，严行稽察。"② 东南沿海各省推行保甲法，对于强化户口稽查控制，割断外来倭寇与本地居民的串联勾结，加强武装防御，从而逐步平息倭患，发挥了积极的作用。

在长江流域推行保甲法的同时，防御副使王梃亦于淮北徐州、邳州等地强化保甲制，并努力扩大其实施范围。这里的保甲制在名称和编制上具有不同于别处的特色，"每十家编一小牌，为一保，内取精健好汉、丁力强胜者充为保长，承牌管领十家。又相度地方远近、村屯顺便，每五保编一大牌，为一团，内取精健兼有行谊、众所推服者充为团长，收

① 嘉靖《六合县志》卷七，后一处引文亦出此处。
② 《明世宗实录》卷四百四，嘉靖三十二年十二月辛丑。

牌管辖五十家"①。故此，徐州的保甲制也称为"团保制"，而其本质则与别处的保甲制并无不同。

（三）北方边境

这一时期北方推行保甲制的地方也日益增多。嘉靖初年，顾琛"升山东按察佥事，奉敕整饬沂州等处兵备，沂故多盗，先生行保甲法，一方遂治"②。嘉靖二十四年，朱木出任山东昌乐知县，在任时按照上司要求，施行保甲法，"其法各镇店村落，每一处立一保长，每五家立一小甲。每一保长置铜锣一面，如一处有五十家，每家出壮丁一名、枪刀一件，每夜十家之人巡逻，五日一轮，周而复始。如一处有盗，鸣锣为号，各家皆执枪刀救护，相近镇店村落皆鸣锣，相应齐人来救，处处皆然。如此处有盗鸣锣，相近镇店村落不救致有失盗者，即将保长小甲重治，如失物则陪[赔]偿其物，伤人则更从重论。保长必推有身家殷实之人，巡捕官每一月于该地方巡视一遍，每月终带领保长赴县递无失事甘结以凭申报"③。其形式与南方各地通行的保甲法并无多少差别。但需注意的是，嘉靖年间保甲法在山东等地仅有个案，并未大范围展开，北方的保甲法主要施行于边境地区。

北部边境，尤其是辽东与北直隶、山西、陕西的北部，在嘉靖年间时常受到蒙古鞑靼部的侵扰威胁，局势紧张。北直隶永平府"逼近边陲，屡有外患"，山西"大同府逼临边塞，最苦侵暴。太原府属如兴、（岢）岚、保（德）、河（曲）一带，频遭杀掠，断烟宿莽，萧条甚矣"④。为防止当地居民与蒙古方面勾结串联，并建立抵御侵扰的后备

① 嘉靖《徐州志》卷八《人事志》。
② （明）焦竑：《国朝献征录》卷九二《河南一》。
③ 嘉靖《昌乐县志》卷二。
④ （明）杨博：《总论天下郡县疏》，载陈梦雷编《古今图书集成》第7册《方舆汇编·坤舆典》第一〇七卷。

武装力量，官府在当地亦较早推行了保甲制。

嘉靖六年，御史丘养浩在陈奏蓟辽边务对策时，提出"宜略仿古保甲法，籍其民于官，而推众所信服者长之，团结训练，有司月再临试，量加激劝。有不服团结去马奇衺者，四邻不告与连罪。是一举而训武、销奸两得之也"①。他的建议得到朝廷的批准，保甲法开始在北直隶与辽东的边境地带推行。

嘉靖十三年大同兵变，礼部左侍郎黄绾前往当地镇抚，"于大小街衢各设门房栅门，晨昏启闭，坚其键镝，委官不时督核，以消夜聚之奸。仍立十家牌法，挨门鳞次编为保甲，各立长统之，令其互察奸匿，防御外患"②。嘉靖十五年直隶巡按御史金灿建议"谕近边民居之孤远者并入大村，厚筑墙垣，设立保甲，置备枪铳，以固收保"③。

陕西北部边境在明代中期亦常受到蒙古部族的侵扰，陕西"内综八郡，外控三边。吏兹土者牧且兼帅焉，责诚难矣。……延（安）、庆（阳）、平凉、临（洮）、巩（昌）逼近边陲，无论赀产，锋镝死伤之患独先尝焉。三边视诸郡尤冲，而势不相贯，故甘肃星悬于河外，宁夏株保于横城，榆林一望毡幕千里馈粮，……若复肆入直驱，践汧陇，薄泾邠，窥三辅，特再昼夜力耳。凤沔之墟，凤多回种，而无良亡命者又多逃匿其中，立俟风尘鼓煽而起"④。嘉靖十五年六月，总制陕西侍郎刘文和奏："平、庆、临、巩之间乃虏出入要道，其中故有堡塞，率多颓废，请一切增筑倍使高厚，归并小堡，编立保甲，堡择有力者一人为之长，多备矢石，远设斥堠，烽火一传，即收敛人畜，各自为守。大虏入

① 《明世宗实录》卷七十六，嘉靖六年五月庚辰。
② 《明世宗实录》卷一六三，嘉靖十三年五月甲午。
③ 《明世宗实录》卷一八四，嘉靖十五年二月甲寅。
④ （明）杨博：《总论天下郡县疏》，载陈梦雷编《古今图书集成》第7册《方舆汇编·坤舆典》第一〇七卷。

境，有能控险劫营，斩获首虏者，与军士同赏，所获牛马因以与之。地方右军卫牧所者责成将领兵备苑马及卫所监苑之长，在有司者责成守巡各道及郡县之长、巡抚、都御史岁一阅视，如堡塞坚完，虏无所掠，以上诸臣皆以轻重受赏；若堡塞不坚，残掠过当，以上诸臣皆轻重受罚，庶边防可以渐。"① 至此，辽东、北直隶、山西、陕西等北部边境地区普遍建立了保甲制度。

第三节　嘉靖末年全国推行保甲制的倡议

鉴于各地推行保甲法，无论是平息内乱，还是抵御外患，都起到了一定的成效，嘉靖末年，多位官员向朝廷奏请在全国范围推广保甲法。嘉靖四十五年四月，礼科给事中周世选奏称："徽宁矿贼尚炽，而泰州史家庄盐徒复起，散劫高如通泰诸路。此江淮咽喉地也，乞令守臣亟图剿平，并通行天下有司各举保甲之法约束齐民，以消祸本。"② 五月，"时四方多盗，给事中曹当勉亦请令郡县各修武备，举行保甲之法，督捕盗贼。如有能计擒首功者，厚赏。妄执者与故纵同罚"③。七月兵科右给事中魏时亮奏陈"安民之要六事"，其中包括"一、轨民行以成俗化。请行保甲之法，简民间有行谊者立旌善之坊，书名以表之"④。九月，巡抚顺天督御史耿随卿向朝廷提请推广保甲事宜，内容颇为细致具体：

一、编保甲。欲将各州县卫所城市乡村不论军民、不分仕宦，

① 《明世宗实录》卷一八八，嘉靖十五年六月乙未。
② 《明世宗实录》卷五五七，嘉靖四十五年四月丁卯。
③ 《明世宗实录》卷五五八，嘉靖四十五年五月戊申。
④ 《明世宗实录》卷五六○，嘉靖四十五年七月癸丑。

不遗窎远畸零寄居佃田人户，十家为甲，甲有长；十甲为保，保有长、副，挨次册编，逐门牌列。无事则彼此保守，有警则首尾策应，议处俱已明悉，合无依其所拟径自施行。果有权豪势要阻挠抗违，悉听兵备道参，呈抚案指名参奏，从重究治。

一、严讥察。欲将编定保甲人户悬挂直牌，刊刻册籍，定立条约，挨门觉察，按月关报，并讲明圣谕榜文，俱已明悉，合无依其所拟径自施行。不许有司因而科派纸张，反为民害。

一、明约束。欲将编定保甲人户简选壮丁，派出门夫，丁少则三家轮应一夫，丁多则一家止于三夫，分置器械，攒造旗锣铁铳。遇有盗贼，鸣锣集甲放铳集邻，观望者有罪，被盗者均赔，俱已明悉，合无依其所拟径自施行。其余器械随其家之所有，短枪闷棍无所不可，不必敛钱置买，致成奸弊。

一、重责成。欲将保甲之法，责委守令掌印巡捕官综理于上，保甲长、副分行于下，仍各随疏失次数、捕获名起分别赏罚革降，无非明示激劝之意，合无依其所拟先行明白晓谕，使之人人洞悉，三月之后方可照例举行，以免不教而杀之议。①

耿随卿的提议得到了兵部尚书杨博的支持："耿随卿所陈四事均属详妥，至于所称民难虑始，可与乐成，不贵空言，贵臻实效，尤为确谕。合就开立前件，议拟上请定夺。"但朝廷的答复表明其对保甲并不十分热心："这事还着巡抚官斟酌民情土俗，从宜施行，勿容有司因而生扰"，终嘉靖一朝，并未颁布统一的保甲规范推广于天下。

综上所述，嘉靖年间是保甲法在各地创建并日趋发展完善的重要时期。总的来说，这一时期的保甲法具有如下五个特点。

---

① （明）杨博：《本兵疏议》卷二十《覆巡抚顺天督御史耿随卿条议保甲事宜疏》。

（1）地域范围广。从本文研究来看，嘉靖年间，南北直隶和绝大多数的布政司内均有较广的地域推行保甲法，遍及南北城乡、内地边境，其中江西、贵州、四川和浙江四省于全境统一施行。嘉靖末年出现在全国普遍实施的动议。

（2）形式多样。由于保甲法并非朝廷统一实施，而是各地官员根据本地实际情况各自拟定措施，因此体现了形式上的多样性。在组织层级上，既有单级制（仅以十家设一甲或一牌），亦有两级乃至多级制；既有设甲总、牌头等首领专管其事者，亦有特意不设专人，由各家轮值者；在编制上，既有以十户为一甲者，亦有如四川以十夫为一甲者。当然，虽形式多样，保甲法的推行均旨在加强户口管理、查举打击不法行为，目的大体是一致的。

（3）机制日趋完善。初期的保甲法往往与里甲制、里老乡约等未作明显区分，在职能上具有一定的重叠，比如王守仁的保甲法即包含里甲制固有的征调赋役的职能。而时至嘉靖中后期，各地保甲法多已成熟完善，大都形成独立的体系，与里甲断然分开，"不许责令号召迎送"，"不许令其出官卯送迎勾追劳费等事"。不少官员特地强调保甲登记户口时不得涉及财产状况，以免百姓为逃避赋税而隐匿户口，影响实施效果。而随着保甲法的发展完善，其实施细则亦日趋复杂完备。

（4）应时性与反复性强。保甲法并非明朝的"祖宗之法"，而是明代中叶以后各地官员面临内乱外患时的权宜之举，因此具有极强的应时性与反复性。面对上级官员颁布的保甲法，在局势不稳时，基层官吏和民众为实际需要考虑，尚能积极推动与执行，但一旦动乱平息，治安宁靖，他们往往将保甲法视为无益、扰民之举，执行即趋于松懈乃至瓦解，直待局势变化时再次重申厉行。

（5）除了加强户口管理、查举打击犯罪的首要功能外，嘉靖年间的保甲法在社会保障，如防火救火、赡养孤老及赈灾等方面亦发挥一定功效。由于明代中期以后里甲制与实际状况日益脱钩，保甲制的实态性逐渐彰显，日渐成为与里甲制下的人丁编审制度并驾齐驱而相辅相成的另一项重要的户口管理制度。

第三章　隆庆、万历年间保甲制的发展

　　隆庆、万历年间是保甲法的进一步发展时期。这一时期，全国局势大体稳定，但沿海、沿边地域仍常有动乱发生，而保甲法的地位则进一步上升。明神宗初登基，昭告天下，诏书中提到"其保甲一事，尤为弭盗良法，兵部便行文各处，著实举行"①。其后又曾下诏"敕户、兵二部：……所在流民着设法招抚安插，仍申严保甲，缉捕盗贼"②；"谕户、兵二部：近闻各灾伤地方劫掠公行，民生不安，前有勅旨着各处申严保甲，缉捕盗贼，即今保甲有无通行，盗贼有无宁息，雨雪有无沾足，流民有无复业，各抚按官每月一次，从实奏报"③；"谕兵部：朕念各处灾伤，地方盗贼易起，所司往往避事偷安，不行用心缉捕，甚则隐匿不言，玩寇养乱，各该抚按官还严行稽察，务督率所属申饬保甲，实练兵壮，潜消祸本，无得疏懈"④。这表明保甲法已受到朝廷的重视。然而，朝廷并没有颁布全国划一的保甲法实施规则，保甲制的实施仍然

---

　　① 《明神宗实录》卷二，隆庆六年六月癸亥。其后的明光宗初登基，昭告天下，诏书中同样提到"其保甲一事，尤为弭盗良法，兵部便行文各处著实举行"。《明光宗实录》卷三，泰昌元年八月丙午。

　　② 《明神宗起居注》万历十四年七月十五日。

　　③ 《明神宗起居注》万历十五年正月十四日。

　　④ 《明神宗实录》卷二百二十三，万历十八年五月丙辰。

由各地官员所主导，其推行重点仍然以沿海、沿边地域为主。本章之中，分别探讨东南沿海的福建和内陆边疆的甘肃、云南等地推行保甲制的情况。

第一节　保甲法在福建的推行实施

由于嘉靖后期对福建沿海倭寇据点实行较为彻底的肃清打击，加之明朝政府开放漳州月港，对海外贸易由堵转疏的政策转变，隆庆、万历年间倭寇对于福建的侵扰大为减少，但是小规模的海寇、盗匪、违禁贸易仍时有发生，这既与福建独特的地理环境有关，也与大航海时代对于世界，尤其是东南亚和中国东南沿海的影响冲击存在直接联系。出于维护治安、打击盗匪、巩固地方秩序的考虑，这一时期的福建官府重视保甲法的推行实施，相关法规可谓细致严密，层出不穷，其中较为重要的保甲条规将在下文中详加阐述。

一　隆庆年间叶春及在惠安实施的保甲法

贤吏叶春及于隆庆年间担任泉州府惠安县知县。前文提到，福建各地本有总小甲，嘉靖年间泉州府又多次推行保甲，但问题是：一者，总甲巡警"今惟城中不废，各都则否"，"岁第应役于公，城中以车马辐辏最苦，如往庭燎、幄次、畲版、缮梁、治道、竹木等皆责办于铺，甚至官府以事至于竟上击鲜具餐，故总甲箕敛细民，岁有常余"，而保甲作为地方官员组织抵御倭寇盗匪的权宜之计，兴废无常；再者，总小甲制和保甲制界限不清，互为掣肘，实际效果不佳，"总甲得其职则保甲可以不立，保甲立而总甲终不能罢，使保长为总甲，则又赧然羞之，盖所执者猥琐故耳"，"余观往保甲册少者一丁为户，多者二三，谩以应有司督责耳"①。针对这一情况，叶春及在该县革除陋规，并设计一套别具特色的基层管理体系，将当时基层固有的保甲制、总小甲制和乡约制有机结合起来，令总（小）甲、保长（副）、社首、耆老等基层头目既承担明确的职责，又能紧密联系。该基层管理体系的主要特点如下。

（一）"都（坊）—铺—甲"基层管理体系

叶春及规定"都必有铺，铺有多寡，铺必有甲，甲有多寡"，即建立一套"都（坊）—铺—甲"三层级的基层管理体系，最基层者为十户所组成的"甲"。"都立耆老一人、社首一人。社首者一社之首邑，故其其号以帅各铺保长。""铺立总甲一人、小甲一人、保长一人、保副一人。"总（小）甲与保长（副）并存，各司其职。总甲"主侦谍小事"，即侦查内部不法行为；保长由社首统领，负责"捍御之事"，"若有羽檄之警，保长副乃会其什，以旗鼓兵革保于竟［境］上"，抵御外来盗匪。

（二）"二牌三册"的户口管理制度

"二牌"指的是各家牌和十家牌，是叶春及对王守仁保甲法的借鉴模仿；"三册"则指约册、铺册和保册，牌册均"随众寡而登之，正在有司"。

1. "二牌"

（1）各家牌

各家牌悬挂于各烟户门首，无论土著、流寓人户均须按格式填写。首先须标明"系某坊都里长，或里长某下甲首，军民匠灶等籍，或某卫所某官下舍余，或某总小旗下军余，若僧道亦放［仿］此"。对于流寓

---

① （明）叶春及：《石洞集》卷七《保甲篇》。讨论隆庆年间惠安县基层管理体系的段落所引文献未注明者均出自此处。

人户，还须"具原籍原乡"。其次，依次开列男子丁数（分老、壮、幼三等）、各丁职业情况、妇女口数、田亩及税粮数额、房屋门面间数、寄住人口情况（系某府州县人，某年月日来家典住或寄歇，作何生理等）、家中牛马数量等。

（2）十家牌

"十家牌输于甲"，为甲内十家（或不能齐多寡，寡一家不妨）情况的汇总。

2. "三册"

（1）约册

约册即乡约之册，为一都户口情况之汇总，"耆老掌之，登万民之众寡，老幼贵贱而周知其数，以教德行道艺而听其治。凡用众庶，察其不平与疾苦者。……老幼贵贱咸登之，盖无事时属［嘱］而读法，则纲纪有条，可以周知其孝顺尊敬和睦，教训安生理，作非为与否。一旦有事，什伍之法可起"。约册的记载内容，实际上是都内各家牌的汇总，册与牌须内容一致，互为对照，"凡册所载，必与牌相符，其序如之，或数村一甲，或一村厘为二三，以众寡为差，寓居者鳞次其中"。约册亦无论土著、流寓人户均载于其内，"他县他都居民无问买屋赁屋，未附籍者皆谓寓居，已附者准土著论。牌内寄住客乃典赁主人近室暂居，附于主人不另力［立］户"。

除实际居住人户外，对于"出居外都而户籍在本都者"，约册"别为一甲，以附于末。各以其都为次，止书丁口，田畜彼都详之"，"随多寡书之，不拘十家为甲之例"。闽广等地宗族聚居者甚多，往往在乡间势力甚大，官府一方面利用宗族势力协助维护当地秩序；另一方面对其实施监督控制，以防其出于自身利益妨碍官府在乡间的统治。叶春及规定对宗族专门归类登记，"于姓一而各为族者别之，姓以族多少为次，族以丁多少为次"，依昭穆次序记载族内各丁生理情况，以便官府掌握控制。

（2）铺册

铺册属"总甲司之"，在约册基础上，"凡有职役之人与夫老幼残疾皆免，籍其壮者"，记载各户壮丁名字，作为充当夜间巡逻的更夫及官府佥派的杂役的依据，"轮过即注名下曰某月某夜轮过某役"，实际上就是劳役征发册。夜巡的具体规定为"城中每铺夜五人巡警如故。各都各铺亦随地方，近者五人，远者十人巡警，或登楼而望，或沿乡以巡，不行者罪在总甲"。

（3）保册

保册为"保长统之，社首帅之"，在铺册的基础上制订，"以铺册三壮丁共当一夫，登于保册，无事巡警如故，有警，社首保长统帅册内夫家更迭而出，或据险而守，或乘便而击，或以侦贼等役。册内不籍其名，止云某某某三家出夫一名，某某某等三家出夫二名，某某二家出夫一名，某某二家出夫三名，某一家出夫一名，或二三名之类。羡者附之，归于以三当一，一出而两休耳"。叶春及亦借鉴王守仁保甲法经验，规定"保长第统乡夫御寇，无事时不相统。为一都或数保长，乃以社首帅之，平居亦不相摄，敢侵暴者重治之"，以防保长独揽大权，操纵乡里。保册仅用于乡间，"在城不入保册，有事尽乘城耳"。

（三）保甲八事

为加强基层治安管理，有效打击不法行为，叶春及"乃以八事纠在社之民而劝惩之"，包括以下方面。（1）遵戒谕。（2）严讥察："今要互相讥察，凡有踪迹不明、异言异服者，即行首连，得实与获盗同赏，否者事发连坐。其赌博教唆造言生事等并察之。"（3）谨巡逻："城中铺轮五人，各都铺远者又加五人，每夜击柝传更。一更三点闭闾禁行，五更三点放行，遇非常则呵止之。乡间旷野暴客非数人能制，驰报望楼击鼓警众。"（4）联守望："城郭坊巷乡村各于要地置鼓一面，若乡村相去稍远者仍建高楼，置鼓其上，遇警即登楼击鼓。一巷击鼓，各巷应之；一村击鼓，各村应之。但闻鼓击，各甲各执器械齐出应援，俱听保长调度。有后期不出者，保长公同各甲告官重治。"（5）时操练："遇警，社首保长帅［率］壮丁以操习之事，息则止。不听操练与社首保长因而侵扰者各罪，衣甲戈戟乃守家所有者自备之。"（6）均劳费："贵人巨室盗所垂涎，宜厉家众以为民望，及资器械膏火等费，不得自便，独苦细民，抗者有法。"（7）禁侵暴："社首保长等愚懦不足与计事，雄俊者往往倚以为奸。今宜变更助令为治，有以自效不敢相负侵渔小民者，考案置法令亦帅先众僚，毋令求盗等与其事，有拆符者以告治之。"（8）治奸谗："竟［境］中盗贼闾里轻侠，恶保长等发其根株窟穴，每以报复虚喝。豪杰大姓据执自尊，与愚民不用命者，亦各挟持长短谤议蜂起。故保长等以家为念，畏缩不事，阻堕公法，今有如此必重治之。"此八事均为保甲法的核心内容，一方面，于内部强化了户口管理和对不法行为的查举监督；另一方面，加强了对外来盗匪的防范和抵御能力，对于当地治安情势的改善发挥了功效。

保甲法在当地的推行并非一帆风顺，推行之初，百姓大多持消极抵触情绪，"职到任即甲其民，民皆蹇而难之，谓黄册造将籍而役我，一旦有警，将驱我于戎行。职乃进而誓之，所不与百姓同心者有如日，于是相率而听命矣。然初第属而读法耳，使之为兵，又蹩而难之。则又进而告之曰：'《周礼》家七人可任者三，家六人可任者二家而五，家五人可任者一家而二，不籍其名，而定其数可乎？'曰：'诺。'乃籍各都之民可以负戈者得四千四百六十又七。盖有常数无常人，各推其家之壮者为兵，不惟三代之法则，然名不定于官府，亦所以使其乐从也。去年本道取乡夫之籍，职上报在县与在道同，民谓道尊县亲，遽闻于道，彼之惑也滋甚。本道谅而从之，今行一年，民情大安，彼亦畏贼而不畏官"①。同时，叶春及强调保甲法对于治安维护的意义，"夫人莫不顾其室庐妻子，官不为甲，尔民不自相率捍御乎？此但因民情而联之，而况余不竭作，不远戍，而行之不苛也"，"今以乡约为主，虽或操练以备盗贼，而以不扰行之"，并对借保甲法之机敛财中饱者明令惩处。诚然，让百姓感受到保甲的益处，减轻其负面干扰，保甲法方能得到民众的配合执行，否则难免在民间受到敷衍和抵制。

二　万历初年耿定向的保甲法

万历六年，都察院右佥都御史耿定向巡抚福建。在此之前福建各州县已通行保甲法，"卷查万历元年准兵部咨题奉钦依修举，该前院规画[划] 申饬既详且严，各该州县乃多废格不行，即行之鲜效者"。耿定向探寻了保甲法未得有效贯彻的原由，总结弊端为"有司苟无为民之真心，不悉制法之初意，漫因文法，督责行之，则上重毒于下，下益不顺于上矣。夫上之毒下者其弊七，而下之所以不顺上者其疑三"。"上之毒下者"的七弊：一是"审编之初，州县长吏不能遍历，不得不委之首领巡司等官，此辈承委就途，行未及舍，而民间栖鸡圈豕为所啖矣"，即胥吏借编查保甲之机多方需索，中饱私囊；二是"彼善良富厚者率不愿为长正，乃故持之，责以贿免，而素行无赖思借名号以武断乡曲者，则又往往匿赂举报，此辈既以豪举倚法作奸，我民多为鱼肉矣"，即乡里奸恶之徒充当保甲头目，欺压乡民；三是"既编之后，有司烦苛者令之朔望点查，不恤其奔走之苦"；四是"佐贰首领取其见面纸赎，不恤

---

① （明）叶春及：《石洞集》卷十《保甲不属巡司》。

其诛求之苦"；五是"上官巡行则令之负弩荷戈，送迎道左，不恤其伺候之苦"，即官府向保甲人户滥派差役，增加负担；六是"逋负滞狱，有司力不能致，则又督之拘捕，或重其违慢之罚，或起其仇怨之讼"，即将破获案件、拘捕盗贼等责强加于保甲人户；七是"平时编审未详，号令未申，觉察不预，一旦有虞，则比屋执而棰楚之，幽求之，且罪罚之曰，此近奉连坐法也，舍奸仇，害无辜，商君之法亦不如是矣"，即官吏在执行时事先不重视预防，事后滥行连坐，株连无辜。① 鉴于"七弊"给保甲人户造成了苛扰，百姓自然对官府制定保甲法的初衷产生怀疑，进而消极抵制。所谓"三疑"一是"或疑有司执籍以料民增徭，则隐其丁口不以报"；二是"或富户自恃垣墉不虞寇患，则曰此特为下户谋也，而不知恤其邻之小"；三是"或小户自恃其窭盗所不窥，则曰此特为富室计也，而不乐卫其邻之大"，"上下相猜，小大相嫉，此则化教不行，所谓民散久矣"。

针对既有保甲法实施中存在的弊端，耿定向"蚤〔早〕夜反覆思之"，认为推行保甲法"莫若即饬保甲于里甲之中，行乡约于保甲之内，使上下相通，大小相恤，庶乎其可耳"。耿定向制定的保甲条款中有以下特点。

（一）因地制宜的保甲编排方式

耿定向设置的保甲编排方式具有明显地域差别。"人烟辏集"的"城郭坊隅镇市村店"，"遵照先贤十家牌法申饬力行，不必纷更，但中有窒碍者随宜润色"。这些地方位置重要，人口密集，且五方杂处，流动人口较多，既有的里甲黄册户口登记难以满足治安管理的需要，因此

---

① （明）耿定向：《耿天台先生文集》卷十八《杂著》二《牧事末议·保甲》。讨论万历年间福建保甲法的段落所引文献未注明者均出自此处。

需要根据实际户口情况制作十家牌，建立新的户口管理体系。

而对于"山村乡落民居零散者"，即偏僻的乡野，则"饬保甲于里甲之中"，在固有的里甲体系基础上，"即一排里甲中推一甲长，以统十里（笔者注：此处'里'应为'户'）。一图（里）中推一图（里）长，以统十排。查一乡（都）原几图（里）推一乡（都）长以统各图（里），不必别为保长等名色，令良善以为羞称也。……其甲长即原甲中户长，图长即原里排中户长，稍有身家，素无过犯，为众所信服者充之。如素行不协里中者，则另举更置。至于乡（都）长为数图（里）表率，则尤宜慎选，必其行谊素孚于一乡（都）各里排所共推服者，当堂责令各图公举，有司记籍而延访之，士绅佥同而后定佥"。乡野流动人口不多，并非治安管理的重点区域，加之居民分布零散，往往交通不便，推行十家牌有种种困难，因此耿定向规定由原有的里甲头目代管治安维护事宜。但偏僻村野同样存在人口迁移的现象，针对此耿定向规定迁徙人户按实际所住地实施治安管理，"户籍丁粮原属别图（里）而住居与此图（里）比邻者即附此图（里），以小附大，以少附多。如军屯官佃但住居相连者，一概附编，听其约束稽察，互相救援。不遵听者呈究。但催征粮差仍属本图（里）"。

滨海港湾是耿定向推行保甲的重点地域。明代中期，福建沿海海寇出没频繁，而滨海居民的户口管理松散，"沿海各澳居民籍多隐漏，不报在官，奸弊之丛正由于此"，耿定向特别强调"应将各澳甲俱编入里甲图内，择里长有身家者即为澳甲，并各澳船户姓名与腹里居民一例俱编入册"。以此强化对滨海地区的户籍管控。

（二）保甲册籍的简化

以往地方官推行保甲，往往规定须填报诸多册籍，其中内容也尽可能详尽，前文叶春及在惠安制定的"二牌三册"即为典型。但耿定向则认为"往时保甲册殊为繁费无益",提出"各该县止将本县发下图格一张,将乡(都、图、里)长姓名填报以凭查考。各该州县仍将此图推广其意,每图里各填一张,或图里内人多处,每乡村各填一张,务将见在丁口查报详尽,置之座右,即一览间一县之川脾硗夷险,生民之登耗奸民尽在胸中,政亦易举矣,如此方为称职"。而"其沿海要害港澳另为小揭,序列澳甲姓名并船户总数开报"。

(三) 明确赏罚,强调连坐责任

从前文中耿定向对于保甲"七弊""三疑"的分析可以看出,其深知无论是富户还是贫民,并不都认为自身是保甲法的受益者,因此难免对官府推行保甲持消极应对的态度。如要保甲制真正发挥功效,必须出台强制性的措施,将保甲法的执行与广大民众的切身利益密切挂钩,其中最重要的就是推行连坐制度,"匿情容隐以恶作良,或阳为从善阴犹作恶者连坐",以强化百姓查举告奸的责任。耿定向将连坐制首先施用于通倭案件上,规定"但有一家通倭接济者,九家据实报官,本犯处以极刑,财产籍没,全给充赏,敢有容隐者连坐外,一家窝贼,众家觉察,妄坐指诬者罪"。此外,"一家被盗,众家救护,闭门坐视者罪;一家被盗,众家搜寻,乘机掠抢者罪;一家被盗,诬众家保结受贿扶同者罪;一家忿争,众家解息,徇私武断者罪"。而对于执行保甲法措施得力,取得成效的保甲头目,官府则予以奖励,"有能保御一乡(都)经岁无盗贼者量赏,三岁无盗贼者重赏。若能化诲一乡三年盗息讼少,列名旌善亭或举兴乡饮"。

(四) 保甲与乡约结合

保甲和乡约,均与家家户户息息相关。官府通过保甲加强户口管控,预防和查举不法行为,而乡约则旨在贯彻统治阶级的意识形态,消除"不良"思想,缓和社会矛盾,显然具有预防不法行为的共同目的,因此保甲和乡约时常为官府结合推行，在万历年间这一趋势越发明显，即如耿定向所谓"行乡约于保甲之内"，"乡（都）长只令表正一乡（都），督率各图（里）讥察奸宄，举行乡约，解息忿争，不必责之出官奔走。……访闽俗民间朔望，礼拜社神，婉有古初里社之意，盖缘先贤礼教未泯也，就中行令乡长举行乡约，宣教圣谕，令民知相亲相恤之谊。盖教化行而民心得，而后法制可举也"。

三 万历中期许孚远的保甲法

耿定向之后，万历十七年巡抚福建的赵参鲁也曾推行乡约保甲法。其后万历二十年许孚远出任都察院右佥都御史巡抚福建提督军务，再次于全省范围重申保甲法。[①] 许孚远的保甲法有以下几个主要特色。

（一）先乡约，后保甲，保甲出自乡约

上文提到，耿定向"行乡约于保甲之内"，而许孚远则认为"旧法先编保甲，次议乡约，本为有理。但保甲长出于里胥之供报，约正副出于保甲之阿私，二者常患不得其人，所以行之无益而有害。今法欲先定乡约，后定保甲"。

乡约的约正、约副，其选拔任用重在品德，"盖古者举士于乡，而公论出自学校，有司正官盍以诚心实意，就而谋诸乡荐绅先生，谋诸耆老，及亲临庠序谋诸通学英俊之士，令其公举在城在乡堪为约正者几人，约副者几人，其人以心术光明行谊高洁者为上，宅心忠实操履端谨

---

① （明）许孚远：《敬和堂集》卷八《颁〈正俗编〉行各属》，文中提到保甲法的实施宗旨："本朝王文成先生以保甲乡约之法行于南赣，而寇盗敛迹，文教振兴。前院耿、赵二公亦皆仿效袭行于闽中，民心翕动。道固待人而行，初无分于时之古今、地之远近者也。本院尝守□江，修举旧法，因采辑前人所著乡保条规及律纂礼要、社仓、社学数事，加之润色，梓示吏民。今复酌于人情土俗之宜损益裁定，名曰《正俗编》，合行刊刻，颁布各府州县一体遵照施行。"下文相关引文均出自此处。

者次之，才识通达素行无亏者又次之，首推士夫，及于耆老，及于举监生员，随地方人才多寡为率，短中求长，咨访必确。已得其人，则有司官以礼敦请，或亲造其庐，或具简行学，遣生员代请，期以吉辰，议举乡约"。由此可见，乡约的宗旨在于贯彻礼教，而地方官对于约正、约副需以礼相待。

"乡约已定，然后就乡约中金保长，就乡约中编保甲。"保长的任用考量与乡约有所区别，重在民间威望，而品德与威望兼具者可以兼任乡约与保甲之职，"必有身家行止，足以统率众人者为之。编保甲于乡约，则其法公；金保长于乡约，则其人当。为保长者亦可以为约中之执事，而执事于乡约者亦可以为甲中之保长，使之戮［勠］力同心，一面讲谕，一面纠察，则保甲之法通融于乡约之内，而乡约之意流贯于保甲之中，庶乎政教相资，一举两得之道也"。

对于保长，尽管无须如约正、约副般以礼相待，但也不能向其滥加求索苛责，"地方有事，责在保长。然须一切宽假，毋为束缚，毋限以朔望参谒，毋苦以往来送迎，毋委勾摄以启需诈之端，毋批词讼以生告奸之衅，毋以逋负滞狱责之拘捕而重违慢之罚，毋轻信细民一纸之词而坐之桎梏以伤在事之气，要使上下相安，大小相得，乡保之法方为长久可行，有司者留意焉"。

（二）保甲法在各处、各阶层中普便实施

对于保甲的编排，许孚远强调其普遍性，即将所有人户，不分远近、阶层，悉数纳入这一体系。"审编悉照旧法，十户为甲，十甲为保，或多或少，亦不必拘。甲有甲长，保有保长，不分乡宦、举监生员、军民之家一体次第编号，如鱼鳞格式填注牌面，送该州县官亲笔标点，不许遗漏一户一丁。盖此系排门保甲，无事欲互相保守，有事将逐户挨查。"

僧道、乐户等特殊人户不仅纳入保甲，而且因其特殊性质成为稽查重点。"各处寺庙庵堂多有停留远方游僧游道，斋化不明之人，或倡行邪教蛊众图财，或盗贼隐名怀奸窥伺，为害地方不小。仰各照例与民家一体编入保甲，以便稽查。其乐户之家尤奸盗藏匿之所，亦各就近附于甲牌之末，毋令遗漏以滋他弊。"

保甲的实施，在这一阶段延至穷乡僻壤，无论沿海港湾或内陆山区，"山海寓居人户，如种菁、栽蔗、砍柴、垦荒之菁客，与蓝、雷、盘三姓之畲人，及矿徒、盐贩等十百成群，结蔡重岗密涧之中，又有渔人海贾傍澳而居，驾船而往，亦十百成群，出没岛屿波涛之外，总之莫非吾民而藏奸阶乱最甚。除盗矿、私盐严禁外，批山有山主，佃田有田主，澳居有澳甲，船居有船号，各宜借以保甲之法，或给簿，或轮牌，或递结，或禁夜，随宜处置"。

（三）进一步强化保甲组织打击不法行为的职责和法律责任

许孚远指出："地方之事莫大于火盗人命，各保甲务要用心提防，每日直牌者执牌往各家查点一遍，如有某丁无故出入，及遇面生可疑之人，各甲务要公同劝戒［诫］，互相发觉，省谕驱遣或报于保长，公同擒拿送官究治。"在武装动员方面，他强调保甲组织日常的武器装备配置，"每一户各置枪钯［耙］或刀棍一根，每一牌共置锣一面、铳一竿［杆］，凡遇火盗生发，各甲鸣锣放铳为号，一以传十，十以传百，各要齐执器械并力救护"。

防盗、御盗之际，保甲人员如若擅自缺席、救援不力，则需承担相应法律责任，"（御盗）事毕之时，保长共收十甲牌面查点，有不到者量罚谷石以备赏劳，不听罚者呈官究治，有能获贼送官，定行重赏。邻近乡村及追贼所过地方俱要一体互相援应，敢有各分彼此，闻号不救，致贼脱走，定行一体重究不恕"。

许孚远对于十家连坐制也较以往有更具体的规定："敢有容纵，十家同罪。直牌不行查点，甲长记名罚谷。""凡强盗窝主等项，各家不行发觉举首，倘遇拿获或躧访得出，定将邻右十家从重连坐究问，除知情同谋问拟重罪外，其余徒杖以下仍用大枷枷号一个月警众，绝不轻贷。"

（四）赋予保甲组织教化之责

保甲与乡约一体，保甲组织除查举盗匪，维护治安外，还承担教化职责，对违反礼教的行为负有检举的义务，"各保甲人等止于每月初二日赴会所申明乡约、保甲规条一次"。"每月初二日保长率诸保甲随约正俱赴乡保会所行礼。若实有事故或疾病不能赴者，即先期告于约正，其无事托故不赴会者即非良民，约正、保长逐一掣牌查点，量情罚谷公用。"由《正俗编》的各项条款可见，保甲组织有责任调解邻里纠纷、化解矛盾争端，对于囤积粮米、包揽赋税、伪造金银、寻衅滋事、妇女入寺观烧香、家族经营寺庙、不准"义女"婚配、亡人火葬、溺死女婴、出卖祖宗坟地、买卖妇女、恶少横行市井、夜间无故出游等各种违反法律或有悖于封建礼教的行为均有告诫阻止及检举揭发的义务。

四 万历后期黄承玄的保甲法

黄承玄于万历四十三年出任都察院右副都御史巡抚福建。尽管"移风易俗莫如乡约，弭盗安民莫如保甲，八闽通行非一日矣"，然而"昔贤成规于今为烈，而有司虚应，易地皆然。有率循往例掇拾旧文，悬一示便谓举行，申一牍便谓遵奉者，有劝相无术、查点太烦，官未收立法之益，民先告行法之害者，或严于城市而疏于乡村，或琐屑于细氓而阔略于巨室，上既习为苟且，下将安所率由"，"保甲牌册向多舛缪难凭，如数户止开一户，数丁只报一丁，甚至素行不轨亦混载耕商，此隐匿之弊也；如住址左右之淆溷，年齿老少之倒置，甚至□寻旧册，依样抄誊，此苟且之弊也"，以致当地局势"风俗嚣嚣，盗贼充斥"。① 鉴于此，黄承玄于福建全境再度贯彻保甲法，在继承前人制度的基础上，略加改革完善。

（一）保甲体系建构上的继承与改革

1. 乡保体系的进一步完善

在保甲体系的建构上，黄承玄继承许孚远的"保甲出自乡约"与"约保一体"的原则，规定"以约统保，以保统甲，以甲统户"，"化导与除之事，约正总其要；守望稽察之役，保长任其劳"。在乡约和保甲头目的选任上，指出"约正宜择老成，保长宜择强壮。约正德为主而才为辅，其贫富俱不必问；保长首论才而兼论德，非殷实不可充也"，与许孚远的选任标准一脉相承。

黄承玄进一步规定了保甲与乡约头目的任期，"保长、保副三年一更，甲长一年一更，因事坐革者不在此例。至于约正表率一方，颇难其选，倘果得人，不必更换，惟不称职者易之。约副、约讲或依保正之例，或稍久其职，亦视人何如"。他同时也强调地方官员要礼遇与善待乡保头目，"毋令朔望参谒，毋令往来迎送，毋拘以文法而伤任事之气，毋委之勾摄而启需诈之端。在城捕官不许借十家点灯之名沿门骚扰，公差人役不许假奉委挨缉之故生事追呼，要使上下相安，大小相得，庶法可久行也"。

与许孚远一样，黄承玄认为保甲的设置应因地制宜，便于沟通稽查，"其分保分甲各随便宜，如本地止有十二三户，亦共编作一甲；止

① （明）黄承玄：《盟鸥堂集》卷二十九《公移·约保事宜》。下文未注出处者均出自此处。

76

有七八户，亦就编作一甲；若独家孤村，即将近邻孤村编作一甲。或地狭户多，即十有余甲止作一保；地广户稀，即数甲亦可作一保。大要不拘户口多寡，惟酌地方远近耳"，"畸民小户散处方隅，有贯在一都而住近二都者，有贯在上里而住近下里者，若必依贯编属，则远者长鞭既所不及，近者臂指又恐不连，弱者子无应援，黠者巧生规避，卒有缓急将何恃焉？今凡有零星人户，即就近编入近保，第于牌内注明本贯都里，在保为寄甲，在甲为寄户，平时两地稽察，有警一体救援"。

耿定向的保甲制采用王守仁的"十家牌法"，十家轮替，不设甲长，而许孚远的保甲制规定"甲有甲长，保有保长"，但似乎到黄承玄上任时，许多地方仍未设置甲长。黄承玄明确规定甲需设甲长，"此中往例有保长而无甲长，虽云简便不烦，终是涣散无统。今仍于十家中择一殷实有力者为甲长，庶保长便于督率，人心易于联属"。然而，保甲内的稽查仍采用各家轮替的方式，"每甲置十家牌一面，每家各置本户牌一面，每保置十家总牌一面，仍置总册一本"，"其十家总牌，每家轮值一日，悬挂其门，是日觉察、守御、救援之事，俱责令督率，惟年老寡幼委无壮丁者止载牌册，免其轮值。至于一甲尾户，即二甲紧邻，觉察救助尤为切要。每甲牌后仍将上甲尾户、下甲首户一并填写，平居互相觉察，有事并力救援，毋得迟误"。

2. 户口登载与稽查的进一步强化

《约保事宜》明确保甲的户口登记职责："各有司宜晓谕约保督率人户，毋问士农工商、军民主客，俱要挨户从实开载，不许遗漏一户一丁……如户丁有增除、生理有迁换，俱于本家本甲牌面自行改正。每保每约牌册即于会中一月一改，县中底册每季约会领出改正。"对于世家大族，同样纳入保甲体系，依法登记户口，但方法上有所调整，"宦家巨室有不便入编户者，及有大姓一户之内族丁盛多，亦不便入甲者另设一牌，将本姓户丁自填牌内，仍与该保甲互相稽察，一体应援，听从其便"。

沿海地区的船民依然是保甲稽查的重点，黄承玄沿用传统的"澳甲"制，"海港澳各立总甲一人，将本澳船只不论大小尽数报官编定字号，每船尾大书刊刻'某州县某澳某字号，船户某人，澳甲某人'，以便稽查。如新造船只必先告明编刻字号，方许下水。每十船为一甲，责令互相保结，仍置总册二本，一存该县，一付澳甲收贮。如有私贩通倭者，澳甲及同甲船户即时举首，定行重赏。若本澳不举而他处擒获者，澳甲一体连坐"。

内地山区垦殖的民众、僧侣、乐户等亦仍旧一概纳入保甲，加以严密稽查管控，"凡耕山种植多系异乡之氓，寺观庵堂每停行脚之侣，境内但有此项，俱应编入保中。在耕山者立一人为寮长，在寺观者即以主持为长，仍给总牌，听保长一体稽察。至于乐户尤为藏奸之所，须附甲牌之末以便稽查"。

黄承玄指出，"外寇之来必借本地奸民勾引藏匿，今行保甲首以稽察为主"，对于稽查人口的流程，《约保事宜》较以往的保甲条规更为细致周详。日常稽查由保甲人户轮流执掌，"每日甲内人等有事出外及亲友寄宿、客商借寓者，俱要先报甲长及直[值]日之人。每至黄昏时分，逐户挨查，如一人不在，未经报知者，次日转告约保纪簿示惩。或者夜境内失事，即以盗坐之。如别甲、别保及外境之人有在户内歇宿，未经报知者，即时驱逐，次日仍告约保纪簿示惩"。甲内左邻右舍亦有互相监督，遇事上报的职责，"挨查之后复有黉夜私出及奸人潜来者，两邻即报甲长及直[值]日之人，当时口诘，仍告约保呈官究治。同甲十家亦宜互相稽察，如有纵容，事发之后首罪甲长，次两邻，次直[值]日，次十家各连坐不贷"。客居的流动人口是保甲组织稽查监控的重点，"流寓之人一时偶集，来历未明，多系奸细。然此辈意有所觊，则不惜厚赀以饵歇家，听其久住，不行盘诘，最为误事。以后甲内凡有生业者方可停歇，仍用纸书其姓名来历，并按投宿日期粘之门上，次早去则揭之。倘无故淹留，事有可疑者即报知约保盘诘呈究"。

保甲稽查不仅涉及"入"，而且涉及"出"，也就是甲内人口的外出情况。"甲内之人有事佣商手艺出外生理者，报知甲长为某事，往某方，约某月日回家，转报约长约簿，如越期不归与归而倏往倏来者，即系踪迹可疑，同保同甲之人须密密严防，遇地方有事，即呈官查究，毋得徇私容隐，事发一体连坐。"

一旦保甲内部发现不法行为，邻里须立即出首告发，"甲内但有窝盗行劫及造船通番、私炉鼓煽，一切踪迹有据者，同甲十家即告约保，共行举首。或虑漏泄，即许一人径首，定行重赏，毋得徇情畏祸，私相容隐。以后但有他处发觉，定查原籍甲长两邻及同甲十家分别坐罪"。

除了强制实施同保甲连坐制度外，为加强侦缉不法行为的效果，黄承玄效仿王守仁，将"警迹人"制度纳入保甲体系中，责成有劣迹人员承担侦缉职责，"其素行不轨者许从今日为始投递甘结，愿改向业，即就名下直书以便稽查"，"窃盗配满回籍或在配逃回，仍为民害者，各约保公呈该县严行拘禁。其余乡中惯贼非希大盗者，自行约之日为始，保长各将所辖不分有案无案尽数开报，责令齐赴会中，朔望投递甘结，改过自新，不必赴县点卯，致复群聚为非。倘有地方失事，即呈官将伊与民捕同比，如获真赃真贼量行给赏。三年之后果擒盗有功，或虽未擒盗而能真实改行者，该保约公举除名"。

（二）武装动员的实施

《约保事宜》除了对保甲人户的器械装备配置作了详细规定（详见本书第六章"保甲制与防灾救灾"），还专门制定民众武装抵御盗匪的方式策略：

> 凡御盗之法，与其拒之当场，不若遏其去路。如一家上盗，即度其四散去路，每路先遣健足二人星驰告于前途甲保，集众匝围，恐仍有疏逸，前途保甲又遣健足驰告前途，协力追擒，可百不失一。若称追至某处，不知去路，即系欺弊。然必须平时讲究部署，甲丁某司捍御，某司驰报，某东某西某南某北，而又预将四散往来路径各先踏熟，遇警照派径驰，庶免仓惶失措。大约十家之中定以一人鸣锣，二人先驰传报，七人执铳捍御追逐。若盗不纵火，则鸣锣执铳者皆行，如若纵火，则留三人救火，五人追贼。各预定执事署之，牌中有临期错误者罪之。

保甲抵御盗匪重在联合团结，从人数上取得压倒优势，并利用地形地利取得胜利。黄承玄利用世家大族凝聚力强、便于团结协作的特点，动员宗族势力组成乡兵，抗御盗匪，"凡保中当家大姓，其族众、义男、干仆率以千百计，宜于保甲之外另集乡兵以资防御，各照上中下户，多者出三四丁，少者一二丁，则其中由谋力者以为乡勇，或再募教师一人督率训练，然不强之必行，即行亦不籍名报官，官不差人查点，第于练成之日，该保呈县转报院道以凭颁赏，用示激劝"。

（三）强调地方官员监督职责

鉴于不良吏胥往往假借稽查保甲制实施之机勒索地方，黄承玄在《约保事宜》中强调地方官自身的监督责任，如利用审理诉讼案件时核查户口登载情况，"以后凡有词讼到官，俱要明开第几保几甲下，各该有司或自理或转奉，俱查告犯册内有名，方与出票拘摄。如无名者不与准理，仍责治改正。其词内中证、被犯亦将原册稽查，如无名者一体责治改正，仍各坐保甲以原编漏丁之罪"。保甲的武装动员、乡约讲读等实行情况也须由地方官亲自监督，以求实效，"自立约之后，有司或单骑遍行，或不时密访，有奉行如法者重加赏劝，如怠玩不行，行之不实，乡约讲读无法，约束不严，保甲牌册不符，器械不备者定行重究，惩一戒百，毋容辜贷，但不得更差一官一役查点骚扰"。

第二节 保甲法在内陆边疆地域的实施

隆庆、万历年间，出于维护统治，防御外虏的需要，沿边地区也陆续出台了内容周详、规制严谨、具有特色的保甲法。本节举两例加以探讨。

一 陕西行都司（甘肃地区）的保甲法

明代中期的甘肃地区也即陕西行都司所辖地区，主要地处河西走廊。与内地不同，这里并未设置府州县，土地、人口均由各卫所（如肃州卫、甘州五卫、凉州卫、西宁卫等）管辖，尽管有一定规模的农牧业，但多数地区地广人稀，防御堡寨寥落相望。由于河西走廊地理位置突出，北临蒙古高原的鞑靼部，南接青海的鞑靼土默特部，明代中期经常受到游牧部族的侵袭骚扰。隆庆元年，巡抚甘肃都御史石茂华提出在当地建立保甲制。

尽管当地原本实施卫所制，对户口的管理制度严于内地民人，但石茂华认为："本镇地方逼近番虏，军民之居多在城堡墩院之内，虽有散处而居者，亦各有相近墩堡，或农务已毕，或有警收敛，则皆归墩堡之内，非如腹里之村落相望、比屋相连者也。城堡大者则有守备操守防守，小者则有防御掌堡官员或总旗，平时则守护城池，有警则收敛人畜，非如内地之村落各自为谋，无所联属者也。地方虽有窃盗而强盗颇少。但在套部则恐有奸细潜入，觇我虚实；在南方则恐有奸人交通，致起事端。既有前项该管员役以总其概，若再加保甲以尽其详，地方尤为无虞。"① 石茂华的保甲制，是充分利用既有的卫所体系，结合地方特点，因地制宜设置的。

（一）灵活的保甲编制

石茂华依据当地军民聚居于城池堡寨，而各城池堡寨散布旷野，大小不一的特点，对于保甲体系的编制作出较为灵活多样，因地制宜的安排。

（1）拥有居民五十户以上的城池，"该道选委的当官员，逐门查出，不拘乡官生员吏承军民寄住人等，尽数以次挨编，不许势豪之家借口优免，止及贫穷下户"。在这些城镇中推行严格的、与内地近似的保甲制度，每十一家为一甲，每五甲为一保。"于十一家中选甲长一人，统摄十家；又于五十七家中选保正一人、保副一人，统摄五十五家。俱要别无占役，颇有身家，行止端正，素为众所推服者充之，保正、副量免杂泛差役，勿听无赖之徒营充以为罔利之媒。大抵自爱之人多不乐为此，其营充而来者，皆积猾蓄无良之心者也，此全在委官斟酌之耳。各以其便，或自北而南，或自东而西为序，一甲既完，挨编次甲；一保既完，挨编次保。"

（2）拥有居民三四十户的堡寨，假如"必欲凑合取盈一保之数，缘城堡隔越，既不便于讥察，边方居人稀阔，相去动辄数里，亦不便于号召。且人数既少，既有该管员役，又添保长，似涉烦扰"，因此"止随其多寡编立甲长，免编保长，即令管堡官员总旗，照保长之法督率讥

---

① 乾隆《五凉考治六德集全志》第一卷《智集·武威县志》，台湾成文出版社 1976 年影印本，第 155—170 页。下文未注出处者均出自此处。

察。无官者，仍编保长一人"。

（3）对于居民在二十户以下的堡寨，"免编保甲长，亦只令管堡员役督率讥察，无官者只编保长一人"。

保正副、甲长的职责与内地相似。首先是登载户口，"甲长置牌一面，大书第几甲；保正副置牌一面，大书第几保，各将本保甲居人各年甲、籍贯、丁口、作何生理及佃户住房人等，备书于上，悬挂各保正、甲长门首，务要比次相连，气势绎络。各家各置粉壁，将年甲、籍贯、丁口、作何生理及佃户住房人等，亦备书于上"。其次是稽查出入，检举不法行为，"但有远出百里之外者，告之甲长，甲长达之保正副，回日一体告之保正副。甲长不时查访，但有出外久不归，踪迹不明及有留住游食僧道、倡优、来历不明之人，或恣意非为，不作生理，倚酒行凶，赌博为盗，倡结白莲等会扇［煽］惑人心，窝藏奸细、交通番虏等项者，事轻，本保甲径自戒谕，令其省改；其屡犯不悛及情重者，告之官司究治。如保正副、甲长不行体防，同保甲之人不行举首，事发一体连坐"。

（二）强调武装防御能力

设置保甲，旨在"互相讥察，防御外侮"，故此必须和武装动员紧密结合，河西走廊常受游牧部族侵袭骚扰，居住人口相对分散，因而对于保甲武装抵御能力的要求高于内地，甲内壮丁的武装训练亦格外重要。鉴于"本镇各城堡之内，俱有官军防御，即所居之人亦多系正军"，如何安排在保甲体系内训练壮丁，而不致同正军的操练、差役以及民众的日常生产生活产生严重的矛盾，需要妥善安排，"若照保甲内名数尽人编金，恐于人情未便；若将正军一概派及，临时有碍调遣；若数人方合一丁，边方人数稀少，又恐不敷防御"。石茂华的策略是："合无斟酌将正军免派外，其余乡官、生员、吏承人等，则以家人佃户出名，并舍余、军余、寄住民人，每男子二丁出壮丁一名，一家之内丁多者递加，只有一丁者二家朋合一名，有力者派执弓箭，无力者随便执枪刀木棍等项，俱要堪用，不得虚应故事。编审已定，籍名并其所执器械在簿。"这样，既不妨碍军人执勤，又能有效动员精壮男丁参与日常训练与防御。为确保武装动员能力，"每于春冬农隙之时，各择空便处所，该管官督率保正副、甲长、壮丁演习武艺，每月各六日，此外再不许拘集以致妨废生理。如此则不惟可弭盗贼，且可以防番房，而于城守之道亦相须矣"。

一旦遇到盗匪或是游牧部族的侵袭，保甲武装主要配合官兵实施防御打击。"保正副共置铁铳三杆，大旗一面，上书第几保；甲长各置铜锣一面，小旗一面，上书第几甲。平时每甲每日轮流二名，日间察访各家事情，夜间巡查提防盗贼。如遇强盗生发，番房零贼侵轶，除自有官军剿捕外，保正副鸣铳，甲长鸣锣，即号召同保甲壮丁协力堵截。如遇传报声息，除自有收敛官员及夜不收等役外，保正副鸣铳，甲长鸣锣，号召同保甲之人作速收敛。其乡邻保甲有事，亦要互相应援，倘遇声息重大，免其出城，则止各督率同保甲之人，不拘丁数，尽数守城，仍于城垛上各先书其姓名在上，免致错误。"

（三）定责任，明赏罚

与内地的保甲制一样，石茂华强调保甲人员的法律职责，失职渎职者需承担相应法律后果。"合无以后窃盗生发，值夜之人失于巡缉；强盗生发，同保甲之人失于救护，听保正副、甲长查举，各重责问罪，定限挨拿。……若本有盗贼而隐不报官，番房零贼出没失误堵截，传报声息失误收敛，声息重大失误守城者，该管官各查明治罪，情罪重者，解送各该道究治。""其保正副、甲长不许缘此擅受词状武断乡曲，假称名色科索财物，擅起夫役生事骚扰，违者许被害之人告发，及该管官常行体访拿问究治。"石茂华的独到之处在于规定了失职人员的赔偿责任，"除获贼外，如不获，就令赔所失之物一半给与失主。保正副、甲长失于督率，邻保甲失于应援，听该管官查举，各酌量情罪轻重，一体究治追赔"。

与他处保甲法有罚无赏，或重罚轻赏不同，石茂华对于执行保甲法卓有成效者给予较高的奖励，"有能拿获别保甲窃盗一名者赏银一两，强盗一名者赏银三两，大伙贼首一名者赏银五两。仍将各原赃一半给主，一半充赏，无主之赃尽数给之。有能斩获番虏首级者，除本人照例升赏外，该管保正量赏银二两，保副、甲长银一两"。"（保正副、甲长）若督率有法，盗贼屏息，三年无过者，保正给以义民冠带，保副、甲长给以花红犒赏，仍令管事，不愿者另行选替以从其便。虽无大过而不能约束人者，该管官亦即更换，免致误事。"

除了保甲人员，石茂华亦对主管官员的职责和赏罚作出明确细致的规定：

> 本镇地方原无州县有司，各卫所武职率多不谙事体，一经委用即成骚扰。查得各卫所原收有监督通判、县丞等官可以兼摄其事，除审编各另选委官员外，审完之日，合就委令监督等官专管。无前项官员者，方选委卫所掌印或巡捕及各城堡官专管。平时则常加警觉，有事则严行纠率，勿纵下人骚扰，勿非时点阅，勿科罚纸张财物，一应往来迎送、泛滥差遣，俱严行禁止，别官不许干预。违者查提重治。如果督率有法，盗贼屏息，或于一年之中能捉获窃盗三起、强盗三起，所管保甲有能斩获番虏首级者，年终该道查明呈报奖励，注以上考。若督察不严以致失事者，窃盗一次，姑令挨捕；强盗一次，窃盗二次，住俸立限挨捕，获日方许开支；强盗二次，窃盗三次，除住俸挨捕外，仍重行惩戒。其有失事重大及次数多

者，文职提问，武职参究治罪黜降。仍各置循环簿二扇，将保正副、甲长、壮丁姓名及有无盗贼生发、捕获过盗贼姓名，按季赴各该道倒换查考。各该道亦将委官姓名、有无盗贼生发、捕获过盗贼姓名开呈臣处以稽勤惰。

（四）保甲与乡约合一

"法制所以防民之慝，礼教所以兴民之行，二者之用常相须也。本镇虽介在边鄙，番虏杂居，然人性质直，可与为善。保甲固所以防之矣，而教导诱掖以开发其良心，较之内地诚尤所当急者。除行令各该管官员表率鼓劝外，似当举行乡约之法。但于保甲外别立乡约，恐涉烦碎，人难遵守。合无即于保甲之中，寓乡约之意。"与当时各地一样，石茂华同样将保甲和乡约结合实施，将乡约教化作为保甲的一大贯彻内容：

> 各保各择空闲处所，不拘寺庙、铺舍或人家有多余房屋者，上[扁]（匾）"乡约所"三字，仍置牌一面，上书"圣谕孝顺父母六训"。每月朔望日卯时，保正副、甲长督率同保甲之人，将圣谕牌置于香案上南向，各相率五拜二叩头，毕，以次序立，每保中选识字者一人，令其逐句讲解晓谕，旁引曲证，使知为善之利，为恶之害，互相劝勉，敦崇礼让，惩忿息争。中有素行良善者，众人共推奖之，取以为法，仍公举达之该管官，各该道核实，转呈抚按官，于各处各立旌善小木坊一座，列名其上以优崇之。其忠孝节义行谊卓异之人，仍题请旌表，量免杂泛差役以示风励。素行不淑者，众人共戒谕之，使自知愧省改；戒谕不悛，则告之官府，明治其罪。无故不至者，除一次姑免究外，至二三次，保正副、甲长呈举该管官处量行责治。庶化道之下人知趋向，而保甲之法愈见有益矣。

隆庆六年，都御史廖逢节于陕西行都司全境再度贯彻石茂华的乡约保甲法。从史料来看，经过编选，保甲制在当地各卫所已颇具规模（表3-1），基本上每一保所辖壮丁为100人（个别例外），规制整齐。在保甲制之外，当地还推行义仓制，两者相辅相成，对当地边境防御大有促进。

表3-1　　　　隆庆六年陕西行都司各大卫所约保、壮丁情况

	约保数（个）	壮丁数（人）
甘州镇城	27	2700
肃州卫	12	1200
镇夷所	2	200
高台所	6	334
山丹卫	7	836
永昌卫	5	500
凉州卫	14	1400
镇番卫	13	1300
古浪所	1	100
庄浪卫	8	800
西宁卫	12	1200

资料来源：乾隆《五凉考治六德集全志》第一卷《智集·武威县志》。

二　云南的保甲法

约在万历初年，云南在全省范围推行"十家保甲法"，内容主要包括：

1. 登载户口：户系某姓、门面几间，人丁男子几丁，妇女几口，某生理。

2. 稽查出入：牌面巅［专］则甲长执掌，每日轮甲户一人直［值］日，逐门清查有无面生歹人，即以回报甲长，轮周复始。寡

妇免其直 [值] 日，但寡妇、庵堂、寺观并酒店、畜 [蓄] 娼之家尤务逐日严查，恐有容畜 [蓄] 盗歹流娼，报官驱逐。

各户有歇宿客商及官事词讼、解钱粮各项人等，歇户俱要查诘，不许藏带刀剑并短小凶器，如本户不查，致值日甲户查出，定将本户重究。

甲头督甲户轮日查诘各户，但有成丁男子及户长本身出外者，俱报明甲长，说明某日回家，如有日久不回者，即查诘何因久出，勿使在外。

容窝面生歹人、强窃之徒，一家不举，十家连坐。

3. 抵御火盗：牌甲出入相友、守望相助。或遇火盗，则甲长执牌叫同各家各执器械出赴救护。火盗势大，各街巷牌甲俱出，不得坐视。

各户有强窃赃迹得实者，甲长密会甲户捕送官律究。

救火防盗俱照牌规册内件数各办器械，造完，甲长开报送查。

各甲办过器械，俱只收藏各户，其甲牌则架立甲长门首，使众户得查照遵行。

4. 贯彻教化：纵饮、赌博、诱引包奸及纵妇女游荡者俱则甲头会同甲户好生劝戒 [诫] 改行，累劝不签者许拿送官重治。

各甲有孝友著于家庭，信义称于乡里者，许甲长甲户公举到官，以凭查奖。①

由上述对隆庆、万历年间沿海沿边各地保甲制的研究分析可见，这一时期，推行保甲法的地域较嘉靖年间进一步扩大，保甲规程日益完善，内容逐步丰富具体。各地的保甲制尽管在编制组成、实施方式、奖

---

① 万历《云南通志》卷十《官师志》。保甲法条规的次序有所调整。

惩规范等方面多有差别，各具特色，但其加强户口管理、查举不法行为、抵御外来侵扰等方面的宗旨是一致的。将保甲制与乡约制合为一体，寓乡约于保甲之中，强力威慑与道德感化并重，也是当时各地保甲制的共有特点。

第四章　两京地区的保甲制

　　明代中后期边患频仍，以"南倭北虏"贻害最重。其时，固有里甲体系下的丁口编审越加形式化，黄册户口登记严重失实。为加强户口管控，防止民众与外寇勾结，打击盗匪等不法行为，并动员民间力量抵御外寇，沿海沿边各地陆续大规模地推行保甲制。与历史上的多数封建王朝不同，明代的两京均非位于统治疆域的中心。京师（北京）濒临北部边境，在明代中后期多次受到北方游牧民族（蒙古族、女真族）的侵扰威胁；留都南京靠近东部海疆，长期是倭寇的骚扰范围。两京的保甲制就是在这样的大背景下展开实施的。

　　相比沿海沿边其他地域，无论京师（北京）抑或留都南京，畿辅地带在嘉靖、隆庆年间即已推行保甲制，但直到万历中期，两京城内尚仅设总甲制，而未设立保甲制。当时在京师推行保甲的提议很多，如万历九年任南京监察御史的徐金星疏中提到："查得保甲之法，节经兵部题奉钦依，在外府州县不分城市乡村，十家为一甲，甲有长，五甲为一保，保有正，书门牌，置戒器，平居则互相觉察，有事则互相应援，此亦足称弭盗善策矣。今在外府州县多已行之，而京城独未之举，知有火夫已尔。"其建议朝廷于京城亦设保甲制，"夫京城五方集居，商贾辐辖，奸民之未易穷诘，奚啻外郡，而土著富姓多置店房，容留勾引，不问来历，官司又不立法，漫无稽查。即有地方总甲，故多无籍市虎或孱弱贫氓耳，缓急奚赖焉！合无准令京城内外一体编立保甲，慎选殷实谨厚之民为之长，为之正，除守望讥察外，不许别项差扰。其劝戒［诫］功过等项并查照在外事例施行，亦不许五城官吏苟且塞责，及因而生事扰民，务不失古乡井守望相友相助之意，实于弭盗良便，伏候圣裁"①。然而实际上直至天启年间北京城内才推行保甲制；南京城内保甲制的实施，亦至万历后期至天启初年。鉴于以往对明代保甲制的专题研究为数不多，涉及京城保甲制的论著更为罕见，本章即利用相关史料，阐明明代后期京师与南京（尤其是两京城内）保甲制的大体推行实施过程，并探究两京保甲制的主要特点。

第一节　京师（北京）的保甲实施

一　万历以前畿辅地域保甲制的推行情况

明代中期，在里甲制的体系下，即存在强化户口管理和打击不法行为的机制。《皇明世法录》卷四十三《京城巡捕》载："弘治初，兵部臣条上方略，于是严里甲之法，家给由牌，县［悬］之门，具书籍贯、丁口名数，有异言异服者，即自纠发。不告奸同辜。命如议行。"户口管理建立在既有里甲体制下，而非另建保甲体制，说明当时京师里甲制下的户口编审尚属严格与有效。②

---

① （明）徐金星：《畿民困敝乞查例责实以安重地疏》，《皇明留台奏议》卷六。
② 研究北京地区历史人口的学者韩光辉亦认为："明朝政府对京畿州县赋役户口的管理和编审是有效的。"参见韩光辉《北京历史人口地理》，北京大学出版社1996年版，第92页。

嘉靖前期，即有官员提出在北直隶边境实施保甲法，经朝廷批准施行。嘉靖十五年二月，直隶巡按御史金灿建议"谕近边民居之孤远者并入大村，厚筑墙垣，设立保甲，置备枪铳，以固收保"①。隆庆年间，朝廷再度强调京畿边境地域的保甲法。隆庆四年，明穆宗"谕兵部曰：畿辅近边地方武备废弛已久，近来言者皆详于外而略于内，岂万全计？尔等宜悉心详议所以捍外卫内者具奏施行"。尚书霍冀等就此制定了保甲制的相应细节，包括"一、申明保甲。谓郊畿近地军民杂处，往往盗起肘腋而不知，虏至门庭而莫避。宜申明保甲之法，有急共救，有罪同罚。其他点闸科派之扰一切禁之。一、预计防守。谓城堡既修，又须法令素明，乃能有济。宜令各州县掌印官查照各城堡垛口数目编定号次，以为信地，挨户出丁守之。虽势豪之家不得徇情优免。遇虏报戒严，即选壮丁如期策应。一、严谨收敛。谓虏若大举则当下清野之令，使各处保甲马上执旗，召集乡民悉迁入城堡。如有怠玩者罪之"②。从具体内容来看，畿辅边境地区推行保甲制的主要目的在于动员民间力量抵御蒙古游牧部族的侵扰，加强防御力量。

尽管畿辅边境较早推行保甲，但北京城内很长一段时间内并未推行保甲制，而是实施总小甲制。万历十八年前后担任顺天府宛平县知县的沈榜记载："见行城内各坊，随居民多少，分为若干铺，每铺立铺头火夫三五人，统之以总甲；城外各村，随地方之远近，分为若干保甲，每保设牌甲若干人，就中选精壮者为乡兵，兵器毕具，而统之以捕盗官一人、保正副各一人。棋布星罗，条分缕析，比之外府州县，特加繁重。其初固为帝都所在，肩摩踵蹑，万方观化，纲纪攸存，于讥察意外，示

---

① 《明世宗实录》卷一八四，嘉靖十五年二月甲寅。
② 《明穆宗实录》卷四十一，隆庆四年正月乙亥。

天下肃也。"①

万历年间，在各地遍设保甲的同时，京城反而置身事外。究其原因，作为政治中心，京师内外驻扎大量军队，敌寇难以骤然临城侵扰。为维护京城治安，设有"五城兵马指挥司"，负责"指挥巡捕盗贼，疏理街道沟渠及囚犯、火禁之事。凡京师内外，各划境而分领之"②。前述各坊铺的总小甲、火夫均由五城兵马指挥司统辖，担负日常巡逻，防火捕盗的职责，能够有效控制治安。此外，京师除了里甲体系下的土著户口外，还有大量流寓人口，人口流动性大，保甲实施难度高，"编审人户即在外各州县保甲之法也。按其户口生理明书门牌，户口有定数，生理有常业，或增或减，稽核难逃，而奸自无所容，其法诚尽善也。但都中为五方杂聚之所，流寓多而土著少，居处暂而迁徙频，故门宅如故而主人已非，遑问户口乎！挨门清查，法最难行"③。因此，在治安问题尚不显严峻的情况下，统治者并未考虑在京城内设置保甲。

二　天启年间保甲制在京城内的实施

万历末年女真人崛起，努尔哈赤建立后金政权，并大举向辽东进攻。为加强京师治安防卫，一些大臣提议在京城设保甲制，如"山东道御史沈珣言：虏势已迫京，定宜严乞护九门，练营卒，立保甲，防草场，广招募，修器械，而通州粮饷咽喉，议遣大臣一员以备应援昌平"④。又如"吏科右给事中姚宗文题：……城以内，宜敕五城九门监察御史严行保甲之法，法行自贵，虽勋戚珰侍之家亦须挨次排编，以听

① （明）沈榜：《宛署杂记》卷五。
② 《明史》卷七十四《职官》三。
③ 《兵部题行"兵科抄出总理巡捕太监马云程题"稿》（崇祯十一年九月二十九日），《明清史料》辛05，第403—404页。
④ 《明神宗实录》卷五百八十，万历四十七年三月庚子。

觉察"①。但这两份奏疏均被"留中",并未得到朝廷重视。

明熹宗登基之后,辽东局势更显危急,明军接连败绩,沈阳、辽阳等重镇先后沦陷,后金军队渡过辽河,攻克广宁,数十万残败明军和当地百姓溃逃奔入山海关,京畿局势亦随之骤然紧张。其时,大批败军难民流落于京城内外,人心惶惶,流言四起,治安形势急剧恶化。鉴于此,在京城推行保甲也瞬间成为广大官员的人心所向。按照明实录记载。仅天启元年三月,即有多位大臣提出此议,"兵部尚书崔景荣等奉旨会议,……一议固根本,言讹语流传,人心易动,宜令五城御史督率兵马编行保甲,使互相查诘,且可擒缉寇盗。得旨着实举行"②,"兵科都给事中蔡思充疏言:……五城御史编行保甲,籍其壮丁稽其奸细,一切游僧野道尽数驱逐,仍令各城招募骁勇之士,给饷听用"③,"大学士刘一燝等言:……刑部尚书黄克缵夙谙守城之法,五城编行保甲,讥防奸细"④。京城内实施保甲制自此开始。

次月,左都御史张问达具体规定了保甲制的实施方式。"左都御史张问达言,京师根本重地,五方杂处,奸宄易生。况辽左多事,尤宜立保甲之法严加整饬,相应劄行各城御史严督各兵马司逐户编集,十家一甲,十甲二保,互相稽查。凡一家之中名姓何人、原籍何处、作何生理、有无父子兄弟、曾否寄寓亲朋开载明白,具造花名清册呈报。仍各躬亲巡历地方不时点闲,或有商贾来往不尝,即于往来之期消添名姓,每立期限投递不违甘结。间有形影面生可疑等人,即时研讯根由,直穷下落,务期稽察严明,地方清肃,庶使畿甸之内得保无虞。"与畿辅边境地区以往推行保甲制重在增强防御力量不同的是,京城内设立保甲制

① 《明神宗实录》卷五百八十五,万历四十七年八月甲寅。
② 《明熹宗实录》卷八,天启元年三月乙丑。
③ 《明熹宗实录》卷八,天启元年三月丁卯。
④ 《明熹宗实录》卷八,天启元年三月戊辰。

的首要目的在于加强户口管控和打击不法人员，稳定治安形势。并且保甲制亦由五成兵马司统辖，和以往的坊铺制结合，"内开中城兵马司所属地方九坊五十三铺，共计人户二万五千四百四十名，甲长二千五百四十名；东城所属一百七十三铺，共计人户三万六千八十名，甲长三千六百零八名；南城所属一百三十五铺，共计人户四万三千三百名，甲长四千三百三十名；西城所属一百零一铺，共计人户三万七千六百四十名，甲长三千七百六十四名；北城所属在城六十三铺，共计人户八千七百三十名，甲长八百七十三名报闻。仍着该城严加稽察，毋致疏懈"①。

天启二年正月，"上命各衙门作速议行，殿工暂停，保甲法著五城御史严行稽查，毋致容隐"②。京城五方杂处，勋贵、官僚、富豪、吏役聚居，这些人无疑是保甲制实施的一大障碍。天启初年，即有朝臣提议对各衙门吏役强化管控。"御史董羽宸言：在京官房起于各衙门，在京人役偶寓不已，私相授受，有顶首，有租赁，纷纷盘踞。况保甲法行，方搜剔于宫观，而官署为穴作奸犯科，保伍不察，兵番不问，水火盗贼又其小耳。宜严查各官房，有不系在官及应得拨给者尽行驱逐。命一体申饬。"③ 当年四月，担任都察院右佥都御史协理京营戎政的余懋衡上疏朝廷，提出"欲缉奸细，无如保甲，都察院宜行五城御史，速督兵马司坊官，于都重二城内，挨街挨巷挨门，以二十家为一甲，十甲为一保，编成保甲籍，一样二本，一藏巡视衙门，一藏该司坊。此坊末保与彼坊首保接；此城末保与彼城首保接。不分戚□勋爵、京官、内外乡绅举贡生员、土著流寓商贾家下男下，但十六岁以上，尽数书名，并书生理，左右邻居互相觉察。遇有踪迹可疑之人，邻告于甲，告于保，即

① 《明熹宗实录》卷九，天启元年四月丁亥。
② 《明熹宗实录》卷十八，天启二年正月乙丑。
③ 《明熹宗实录》卷十四，天启元年九月癸丑。

时盘诘，不许容瞒。其寺观庵堂及水户家，尤奸宄出没之所，严率兵番倍加体访，但得奴贼真奸细一名，研审的确，赏银四十两，其银望皇上准于该城房号银内支给，题明开销"①。可见，保甲规程越发趋向严密，力图将京城的全部官民人口纳入保甲制中。

从《明实录》等史料中不难发现，天启年间京城保甲法屡为朝臣议及。天启三年，"礼科左给事中魏大中言：……臣以为近来四郊多垒，法纪陵夷，夹道填衢，五方庞杂，营军禁旅雇倩替身，地广人稠，易为奸薮。其自正阳门以南与坛宫之侧，宜令该城以保甲之法编为籍，甲十家，家几人，冬至以前无寓人于其室。……上然之"②。另"户科给事中朱钦相疏言：……京师金瓯铁壁，万无足虑，所可虑者年来法纪陵夷，人心蠢动，恐一有警报，穷民把棍，悍卒骄兵便相煽为乱耳。宜蚤[早]令五城御史申明保甲，于各胡同巷口置立木栅，蚤[早]晚启闭，即择本巷中殷实良民及仕宦之寓居者共为守望，互相讥察"③。天启五年，"御史余城巡城事竣条陈七事……一核保甲之实。五城有房人家大半青衿、武弁、豪右、贵族，一闻挂名保甲，抵死不肯承应，若断在必行，惟祈圣明申饬……得旨：嘉其有裨[裨]城务，宜著实举行"④。天启六年，"顺天府府尹沈演疏陈绸缪三辅十事：……一、申严保甲以稽查奸细为第一义，面生可疑、踪迹诡秘，即行根究，一家不举，十家连坐如尝[常]法。但要著实举行，无疏无扰"⑤。这些提议除了一再强调通过保甲制加强户口管控，查举不法行为，其中也多呼吁将勋贵、官僚等户口纳入保甲体系并责成其担负检举不法与防御守望的

---

① 《明经世文编》卷四七二《余太宰疏稿》，《防守蓟镇京师疏》。
② 《明熹宗实录》卷四十，天启三年闰十月戊戌。
③ 《明熹宗实录》卷四十一，天启三年十一月己卯。
④ 《明熹宗实录》卷六十，天启五年六月戊寅。
⑤ 《明熹宗实录》卷六十八，天启六年二月乙卯。

职责，这也从侧面反映出，这一时期保甲法尽管在京城长期施行，但举步维艰，成效有限，勋贵官僚等阶层的消极应对和持续抵制显然是其成效受限的重要原因。

三 崇祯年间约保制在京城的施行

崇祯年间清军五次入关，席卷直鲁，兵临北京城下，如入无人之境。雪上加霜的是，华北各地旱灾、蝗灾、瘟疫齐袭，官府疏于赈灾而急于科敛，导致民变蜂起。在清军和义军的双重打击下，明王朝可谓沉疴已极，摇摇欲坠。而明思宗和少数大臣则殚思竭虑，企图重整河山，恢复统治秩序。在这一时代背景下，刘宗周于崇祯年间两度在京师推行融合乡约的保甲制，也称约保制。

（一）崇祯初年京师约保制的推行

崇祯二年十一月，刑部尚书乔允升上疏题请"五城御史及马兵司官编立保甲，保长、巡逻营将官军务分信地，往来缉捕，但有乘机抢夺，如放火偷盗之类，即以军法从事"①。次年二月，顺天府尹刘宗周上陈地方善后事宜，其中提议通行保甲法，"夫保甲之法未有不行于平日，而可骤得其效者。谓宜饬所在地方官于前日所已行者再加申饬，要于可久。使十家为甲，十甲为保，十保为乡，乡择贤者一人为长，以约束其众，朔望读法，诵高皇帝大训，修孝弟〔悌〕忠信之教。一切讹访贿盗不得相容，犯者连坐。行之既久，化行俗美，国家有道之长恒必由之，即一时有儆而奸细盗贼固可按籍问已"。明思宗"以此奏俱属要务，命所司亟议行"②。四月，刘宗周再度上疏，指出"方今自京师至

---

① 《明实录附录·崇祯长编》卷二八，崇祯二年十一月戊子。
② 《明实录附录·崇祯长编》卷三一，崇祯三年二月己巳。

三辅所在戒严，通天下郡县皆有风鹤之警，征兵括饷殆无虚日，生民之不得其所者十家而九，有司又不知所以抚循之势，必尽驱而为盗。于斯时也诚使保甲一行，则臣前疏所为流亡之招抚，道路之清除，民兵之训练，纪纲之饬，法度之修，与夫吏治之循良皆可次第得之。臣谨仿先儒（笔者注：即王守仁）遗意，辑为保甲事宜，且冠以高皇帝教民榜文十条皆有合于保甲之意者总为一编，名《保民训要》，以志我皇上怀保之德，祈天语特加申饬，自五城御史以至州县有司各务着实遵行"①。获朝廷批准，保甲法即于顺天府属各州县全面推行。

刘宗周的保甲法分为"保甲之籍""保甲之政""保甲之教""保甲之礼""保甲之养""保甲之备"及"保甲之禁"几大部分，内容具体细致，别具特色。②

所谓"保甲之籍"，就是建立严格的户口管理和保甲层级，将民众无论"土著"抑或"流寓"悉数纳入保甲体系中，查明职业，对于"妖道""游僧""合班梨园""土娼""奸细"厉行取缔，对于"流乞"实施收容遣送。制度规定"十户为甲，甲有长。各户互相亲识，以听命于甲长"，"十甲为保，保有长。各甲互相亲识，以听命于保长"，"十保为乡，乡有长。各保互相亲识，以听命于乡长"，"聚乡为坊，坊有官。各乡互相亲识，以听命于坊官"，"五坊为城，城有司。各坊互相亲识，以听命于司官。五城为畿，畿有天子之守臣与院臣。各城互相亲识，以听命于守臣、院臣。城外为郊，郊外为都鄙，各有长。各长递相亲识，分隶于国中之亲长，听命于州、县官"，从而在京城内构建了"城—坊—乡—保—甲"五层级的保甲防御体系，由"有司—

---

① 《明实录附录·崇祯长编》卷三三，崇祯三年四月庚戌。

② 本部分引文，皆引自（明）刘宗周《保民训要》，《刘宗周全集》第四册，浙江古籍出版社 2007 年版，第 371—385 页。

坊官—乡长—保长—甲长"层层统辖。

"保甲之政"，包括保甲组织的职责和保甲头目的任免。保甲的职责为"火烛相戒""盗贼相御""忧患相恤""喜庆相贺""德业相劝"与"过恶相规"，"凡一户有事，九户趋之；一甲有事，九甲趋之；一保有事，九保趋之；一乡有事，各乡趋之。小事听乡长处分，大事闻于官。匿不以闻者，罪坐其长废之。若因而生事，取户甲一钱者，即以赃论"。关于保甲头目的任免，规定"能举一甲之政者，署为甲长。其不能者，保长闻于乡而废之"，其他各级保甲头目的任免亦依此类推。

"保甲之教"与"保甲之礼"，在刘宗周的保甲法中，融入了大量乡约教化内容，将保甲制打击防范不法行为的固有功能与乡约制的教化功能合二为一，相辅相成，以达到一举两得的目的。刘宗周规定保甲头目须负责宣讲传达明太祖"孝顺父母，尊敬长上，和睦乡里，教训子孙，各安生理，毋作非为"的"圣谕六条"，"每日各甲一申饬"，"每旬日各保一申饬"，"每朔望日各乡会司府一申饬"，均"简其不肖者教之"。

"乡"这一层级在乡约推行中至关重要。"每乡立乡约所于便处，悬《圣谕》其上。逢朔望，约长率保甲各长拱候本府官至，肃拜《圣谕》。四拜礼毕，各行参谒官府，西向坐乡长，正途士出身者东向坐，以下皆拱立，听开讲。讲毕，乡长仍报一乡善恶事迹。礼毕而散。""凡乡，用木铎于道路徇于道路，口宣六义，以火夫司之，或残疾失养之人代之。凡乡，旌善有录，记过有录，月朔会于众而宣之。凡乡，终岁无讼者，旌其乡曰'仁里'，乡长记录；早完官税者，旌其乡曰'义里'，乡长记录。凡乡，立乡学，举乡师教其弟子《诗》、《书》、礼、乐、射、御、书、数，达于成德。"此外，对于扬善抑恶、乡饮礼的推行、民众行为规范等，均作规定。

"保甲之养",规定保甲在防灾赈灾中的职责。"每甲推一二户,预蓄杂粮一年、煤刍一年。遇歉,则以时价分卖于本甲。每保推一二户,预蓄杂粮二年、煤刍二年。遇歉,则以时价分卖于本保。每乡推一二户,预蓄杂粮三年、煤刍三年。遇歉,则以时价分卖于本乡。每坊司以赎锾买米积煤,至冬月,米给粥厂济贫,煤以备不时之需。""凡鳏、寡、孤、独及有残疾不能自养者,乡长报名入养济院。"

与以往京师所行保甲法不涉及武装动员不同,刘宗周对此十分重视,"保甲之备",是指保甲组织在器械、物资和人员上的配备,以便有效应对抵御盗匪等紧急情况。在器械物资方面,"每户备兵器一件、木棍一条,贫者止备木棍。每甲备锣一面,每保备牛三只、骡三头,每乡备马四匹、弓矢二十副。(京城内不必备牛,各州县亦然。驴随用。随户所有,不足者补备)"在人员方面,"每甲选健丁三名,每保选艺士二名,每乡选韬略士一名。凡地方有警,每甲养健丁三名,日口粮三分;每保养艺士二名,粮倍之;每乡养韬略士一名,粮又倍之。递相部署,受命于司城以居守。器械、马匹,惟其所用。事已复初。各村里,仍听自相团练"。刘宗周还特别强调保甲的夜巡职责,"每乡遇夜,轮一火夫鸣锣直〔值〕更,口宣火烛六义以为常"。

此外需指出,"保甲之礼"中有关乡射礼的规定,蕴含全民武备的寓意,"每月朔望,士习射于学宫,齐民习射于别囿,庶人在官者习射于公署。皆令能者教不能,而官与长提督之,如乡社礼,赏罚行焉。郊外则行以农隙",亦是将保甲训练与传统礼仪结合起来。

"保甲之禁",指的是保甲组织需要严加取缔的各种不法行为,既有属于传统保甲固有的"不许容留面生""不许窝藏赌盗"等,也有属于乡约教化范畴的"不许停丧娶妻""不许同姓为婚""不许教唆词讼"等,"凡一户犯禁,九户举之。一甲容奸,九甲举之。一保容奸,九保举之。一乡容奸，各乡举之。司坊容奸，上官举之"，保甲组织负有内部互相监督之责。

刘宗周保甲法的最大特色是将保甲与乡约紧密结合，规定细致。史载，此次刘宗周"严行保甲之法，人心稍安"，取得一定成效。但次年其离任后，约保制随之荒废。其再度实施是在十余年后，而实施者仍然是刘宗周。

（二）崇祯末年京师约保制的再度实施

崇祯十五年十一月十一日，升任左都御史的刘宗周上疏题请"群京师之众，五方杂处之民，尽收之相保之中……先行所属，并通行直省各地方一体遵依"。明思宗御批："……至讲明乡约、保甲，尤得安民要领，并一应禁奸除恶等事，通着严加申饬，殚力举行。"① 紧接着，"崇祯十五年十一月十二日奉圣旨：虏蹒内地，诘奸保甲最属弭患首图，着城捕及府县各官恪遵屡旨，严惩力行。但不许纵容奸棍乘机索扰，违者立以军法捆打治罪。有能首奸细得实的，与斩壮级同赏，藏匿者与奸细同罪，保甲容隐不举并行连坐。其近畿州县着同坚壁清野等事一体饬行，钦此，钦遵抄出到部送司，案呈到部。拟合就行，为此一咨都察院合咨前去，烦照本部题奉明旨内事理，即行五城御史并真、顺、山东、河南各巡按御史转行司坊并道府州县一体钦遵施行"。② 保甲法在京师以及华北各地广泛推行。

此次刘宗周在京城推行的保甲制，仍旧"将乡约、保甲二事通为一事"，就其职能来看，其实质可谓通过乡约的载体形式，在向民众宣扬

---

① （明）刘宗周：《申明巡城执掌以肃风纪以建治化疏》，《刘宗周全集》第三册，浙江古籍出版社 2007 年版，第 192—194 页。

② 《兵部题行"诘奸保甲最属弭患首图"稿》（崇祯十五年十一月十三日），《明清史料》乙 05，第 432 页。

礼教的同时，实现保甲制。条规中除了定期举行仪式、宣扬教化、扬善惩恶等乡约固有内容外，还对保甲制的实施作了细致规定，较多地沿用了崇祯初年京师约保制的内容，但也有不少变化调整。在"约制"方面，规定"一家定户，十家为甲，甲有长；十甲为保，保有长，皆以才充。十保为乡，乡有约正，特以德充，或以爵、以齿；有约副，兼以才充。合乡为坊，坊有官；合坊为城，城有城御史。城御史治其坊，坊治其乡，乡治其保，保治其甲，甲治其户。户有户籍，登其民数，而递总于官。凡寺观另编为甲，而同统于保。其小庵刹，即联入四民中"①。刘宗周承接完善崇祯初年实行的"城—坊—乡—保—甲"五层级的防御体系，由"城御史—坊长—乡约正、副—保长—甲长"层层统辖，而在"乡"一级突出乡约的固有职能，以约正、约副取代原来的乡长。约正、约副等人除乡约职责外，在保甲体系中亦有其相应职责，强调失职连坐的法律后果，"一户有事，一甲举之；一甲有事，一保举之；一保有事，一乡举之；一乡有事，坊官举之；一坊有事，城御史举之。匿而不举，及举不以实者，罚其纵恶者连坐"。

明末各地武装反抗风起云涌，故此次刘宗周的保甲法，特别强调保甲的职责除查举不法行为外，以抵御盗匪之责为重，"一户有警，一甲群起救；一甲有警，一保群起救；一保有警，一乡群起救；一乡有警，官司群起救。至通城有警，则甲守其甲，保守其保，乡守其乡，各坐信地以听命于官。夜行无出乡，出乡者各以盗贼论。其讹言者，以军法论"。此外，刘宗周还进一步完善日常巡查机制，"另木铎一事，以老而贫乏者掌之。月行三巡，本乡各施以钱一文。每胡同口有栅，栅有守，轮以甲长二人。每夜有更夫五人，充以乞者"。朝廷对于此份乡约

---

① （明）刘宗周：《遵奉明旨书》，《刘宗周全集》第三册，浙江古籍出版社2007年版，第195—198页。

保甲规条颇为重视，"这所奏乡约、保甲事宜，有裨风纪，兼资防御，着严饬城坊官设诚举行"。

崇祯十五年冬，李邦华取代刘宗周担任左都御史，鉴于"京师五方杂处，奸盗丛滋，迁徙无定，踪迹诡秘，保甲尤不得不严"，继续推行刘宗周的约保制，强调保甲的治安维护功能，"前宪臣奏行有式，居尝则察面生，禁夜聚，出问其归，止问其来，令奸无所容。有警则勤号召，备干橹，救火勿抢，追贼勿缓，令盗不得逸，凡此皆保甲事也"。李邦华对约保制头目的选任方式作了更为详细的规定，"必先择公直无私者为约正、才能通达者为约副，隆以礼貌，重以事权，则一约几保，谁堪保长，属约正副举之；一保几甲，谁堪甲长，属保长举之，上下相维，如臂使指"①。"欲保甲得人必目乡约，始日者皇上谕臣等举行乡约，此不徒为醇美风俗之首务，亦即为讦奸消宄之良图。臣已传五城御史先以全副精神访择高年有德、众所共推者为约正，然后令约正择保长，保长择甲长，彼同井而居，以类相求言不失实，或举非其人，罪必连坐。"②

随着农民军日益逼近京师，局势日益严峻，保甲制也越发周密严格，"每甲所统多不过十余户，户内丁口面面相识，每五日一报保长有无新增，有则必究所由来，核其作何生业。倘倐来倐去踪迹不定，即报保长、约正审实闻官，勿纵其逃逸。僧寺道院一体施行。如保甲互为容隐，偶被捕获，居停之家及保甲一同论罪，如此则奸细无从容矣"。此外，为防范打击夜间不法行为，李邦华特别规定保甲的夜巡职责，"防奸不在昼而在夜，此后保甲督率同甲之人分班夜巡，梆铃无间，至于深巷僻径尤宜严加密察。一切栅栏蚤［早］闭晏启，不如约者加等治

① （明）李邦华：《李忠肃先生集》卷六《巡城约议疏》。
② （明）李邦华：《李忠肃先生集》卷六《遵行保甲疏》。下一自然段引文亦来于此处。

罪"。此时距离京师为大顺军攻破已不足年余，此次推行，也可谓明代保甲制在京城的绝唱。

第二节 留都南京的保甲实施

一 南京畿辅保甲制的推行

南京应天府部分地区在嘉靖年间即设立保甲制。嘉靖十八年南京兵部尚书湛若水条陈留守南京十事，其中有两条与保甲相关。一是"急无告以弘惠泽。谓鳏寡孤独责令保甲轮养，如或养赡不及，收入养济院照例处给，无令沮抑侵渔"；另一是"编保甲以□人情。谓南京地旷且远，宜制保甲之法以便讥察，各随街巷，不论多少，仍令里中自为乡会，务成雍睦之俗"①。在其所撰的《圣训约》中，对于当时南京所推行的保甲制的具体形制与职能描述道：

> 照得往年总督两广新建伯王阳明公立保甲法，予在南京参赞亦尝行之，皆仿朱文公之意，或十家（二十五家）为一甲，甲内互相保察，互相亲睦，务相勉为善，不许为非。甲内一人为非，九家（二十四家）举呈乡正，闻官究治。若九家（二十四家）不呈，则罪必连坐。若小有言语，则同甲之人互相和解，不复斗讼，则风俗亦由之而淳厚矣。予南京参赞奏编保甲以联人情一节有云：每二十五家编为一甲，共立粉牌一面，备书二十五家姓名、户籍、丁口及某为士、某为农、某为工、某为商。其牌轮流收管。收牌之人，每日询访二十四家出入动静。如某家行某事善，则率二十四家共赞成

---

① 《明世宗实录》卷二三一，嘉靖十八年十一月己亥。

之；某家行某事不善，则率二十四家共阻止之；或懒惰不务生理，及因争田地相攘闹斗讼，则率二十四家共解释之，不听则必继之以泣，务致欢乐如初可也。凡二十五家，出入相友，守望相助，疾病相扶持，二十五家之人，宛如一家父子兄弟之爱，则百姓睦矣。其有肆为不善、游手好闲者及赌博者，与夫不务同心联属者，二十四家故纵不肯即时举正［证］者，乡正呈官连坐责罚之。①

由史料来看，湛若水在南京实施的保甲法借鉴了王守仁的成果，而最大的不同则在于湛若水将每甲所辖人户定为二十五户，而非一般通行的十家为一甲。然而，鉴于明代保甲制极强的应时性特点，湛若水的保甲法并未得到长期有效的实施。

嘉靖中后期，南直隶倭患侵扰极其严重，保甲法因此再度受到重视。前文已提及，董邦政于嘉靖二十九年出任应天府六合县知县，鉴于盗匪猖獗，厉行保甲。其后，"卷查嘉靖三十三年六月初二日奉本部送准兵部咨为恳乞天恩督责将官恪守地方剿灭倭夷以安民生事，该兵部具题……除近海郡县无城池者急图筑凿，不可一日缓。至于大小村镇，省令民间修堡寨、掘坑堑，团练保甲，择有身家智力者二三人为领袖，先行给与冠带，以为激劝。家自为兵，协力拒守，有功之日一例升赏等因题，奉钦依咨部钦遵查照施行。嘉靖三十四年五月二十五日该本部查奉前例，委官会同巡城御史提调南京五城兵马及行应天府坐委上、江二县掌印官，备将京城罗城之外关厢居民查编保甲，择其才能服众者立为乡长，给与冠带，使之管领，置备器械、旗鼓、铳炮，演习武艺，团练防御。一遇有警，同赴要害地方设法守把，并力截杀"②。可见当时南京

---

① （明）湛若水：《圣训约·行保甲》，载李龙潜等点校《明清广东稀见笔记七种》，广东人民出版社2010年版，第301页。

② （明）张时彻：《芝园集·别集·奏议》卷五《修筑墩堡以便防御疏》。

畿辅地区业已实施保甲法。

二 南京城内保甲制的实施——以《留台城约》为核心

与北京城类似，直到万历中期，南京城内并未普遍持续地设立保甲，这一点可由万历三十四年前后南京御史孙居相的《地方火灾疏》中提到国子监一带"原无十家牌甲"，而防火救火仅依靠总甲、火夫等人可以看出。①

根据史料，南京城内开始普遍而持续地推行保甲制的时间，当在万历后期至天启初年。《留台城约》是反映晚明南京城内保甲制施行的核心史料。②《留台城约》中的"保约"部分共九条，其中四条为保甲，其余为乡约，乡约保甲各有系统，并无直接联系，这一点与刘宗周在京师所行乡约保甲法不同。

尽管保甲条规仅有四条，但内容完整、系统严密。在保甲体系方面，十家为一甲，"每十家置甲牌一面，牌开十户，每户男子几丁，某某若干岁，所务何项生理，妇女几口，俱要备细开载"，设甲长一人，"就十家中公举行止端正者充为甲长，其牌即悬挂甲长之门，以便稽查"。"十甲为保，就十甲中公举行止最端正，更饶胆智者二名为保正、副，置保牌一面，以千字文号序编，从城达乡，勿致遗漏。牌内书本保十甲长姓名，悬挂保正、副之门，以便稽查。""保正副责任最重，必为百家推服者方可充当，给札照吏典例优免，以见委任。"

保甲的职能，与其他地方大体类同。一为强化户口管理，查举内部不法行为，"如十家中有出外者，即要开报到某处，作何生理，回日仍

---

① （明）孙居相：《地方火灾疏》，《皇明留台奏议》卷九《时政类》。
② 《留台城约》收录于《南京都察院志》卷二十《职掌》。《南京都察院志》始编纂于天启元年，至天启三年成书。由此笔者推断南京城内保甲制始创于万历晚期至天启初年。

报某人回讫。其亲戚有来住宿者，即报某亲为某事于某日到留宿，去日仍报某日去讫，有不赴报者即系非为作歹，甲长即时报官，以凭拿究。其有容留来历不明之人者，甲长及左右邻更须盘诘报官，以凭究处，违者一体连坐。如有赌博偷窃与崇尚邪教、夜聚晓散者，同甲即时举首，不得容隐以致连坐"。二是防御外来侵扰或灾患，"如有火盗生发，保长呼甲长，甲长呼十家，不分雨夜，并力救援。有能登时擒获盗贼者，即支房号钱从重奖赏"。

鉴于南京城五方杂处，流寓人口众多，《留台城约》的"保约"中特别对流动人口的管控作了规定："保甲内多有佃房，一门出入，内住多家，或一人赁房，数人同住，及至填牌，止用一人出名。此等去住无常，生理莫辨，中多藏匿奸赌盗拐，事发贻累地方。今后保正副、甲长各查佃房内丁口生理，另立一牌，总甲带同到城验发，为首一名悬挂。本城另造佃房一册者，房主各造店历，遇有新到别迁，务取保正副、甲长、总甲给状到官，方准写入店历听查，如违连究勿贷。"

南京城内原设总甲组织维护治安，承担防火防盗巡逻等职责，自设立保甲后，保甲法与总甲制并存，保甲长和总甲各司其职，协同维护治安，这一点上文即可体现，此外又如"见今各处街巷业已设有栅栏练锁并木梆一具，各城仍同各保甲长务不时查阅，有毁坏者即便动支房号官钱修葺［葺］坚固。其栅栏着该铺总甲专司启闭，戌末闭，卯初启"①。

晚明时人范凤翼曾提议在南北京城推行保甲。针对都城流寓人口往来频繁，保甲难行的论调，他指出："或曰都城寥阔，五方杂处，非同州县，编甲似难，则两京十三省何尝不编里甲，较若画［划］一乎？里甲人户多有散之四方，里甲易至侵隐；编甲之民萃处一处，鳞次栉比，其

---

① 《南京都察院志》卷二十《职掌十三·留台城约》。

呼唤易集，其贫富易知，其奸弊易察。都城虽大，五城以五大州县视之，何事不可做？若五城一体举行而无成效者，吾不信也。"① 而保甲法实施之后，其最大的问题乃是来自勋贵官僚阶层的抵制。北京如此，南京亦然。天启年间，"南京广东道御史王允成疏陈留都要务：……宜严行保甲之法，专责五城御史，有大奸大恶，虽公侯驸马之家径行锁拏"②。然而在封建等级社会下，权贵阶层以权谋私破坏法制的弊端，本质上而言难以克服。在权贵云集的两京地区，尽管官员屡上提议，朝廷屡下饬文，但保甲制实际效果有限且难以持久，自然就不足为怪了。

① （明）范凤翼：《编保甲议》，《范勋卿诗文集》文集第四。
② 《明熹宗实录》卷四十，天启三年闰十月乙未。

第五章　保甲制与总小甲制关系辨析

学术界有关明代"总小甲"（包括总甲及其下设的小甲、火夫）的专题研究为数不多。基于相关史料考证，王裕明先生在其《明代总甲设置考述》中认为总甲广泛设置于明代社会组织之中，包括治安体系、军事建制、徭役组织以及商税机构等，为明代社会的重要职役之一，总甲设置的基本功能在于维护社会治安，其与火甲、保甲、里甲之间的关系相当复杂。[①] 此外，日本学者夫马进以万历年间的杭州民变事件为核心，通过研究当时总甲及火夫之役改行雇募的过程与民众对这一改革的回应，探讨不同社会阶层对总甲、火夫劳役改革所持的不同价值取向。[②] 笔者以为，以往研究对于明代"总甲"的阐释已颇为细致，但在某些具体问题上，尤其是涉及治安管理的总甲，以及总甲与保甲、里甲之间的关系方面，尚有值得进一步探讨和完善之处。本章中笔者拟通过对所获史料的整理分析，对明代治安管理中的总小甲制，尤其是总小甲与保甲、里甲间的关系，作一阐释探讨。

---

① 王裕明：《明代总甲设置考述》，《中国史研究》2006 年第 1 期。
② ［日］夫马进：《晚明杭州的城市改革和民变》，载［美］林达·约翰逊主编《帝国晚期的江南城市》，成一农译，上海人民出版社 2005 年版，第 60—96 页。

第一节　里甲制下的总小甲

一　里甲制下总小甲设置的起源

说到明代治安管理中"总甲"的源头，王裕明先生认为明初洪武年间即设置总甲，依据主要是《天下郡国利病书》中提到的"太祖所行火甲，良法也。每日总甲一名、火夫五名，沿门轮派。富者雇人，贫者自役。有锣，有鼓，有梆，有铃，有灯笼火把。人执一器，人支一更。一更三点禁人行，五更三点放人行。有更铺可避雨雪，可拘犯人。遇有事，则铺之甲乙，灯火相接，锣鼓相闻"①。然而，亦有史料并不支持这种说法，嘉靖、隆庆时人叶春及指出："国朝以里甲任民，推择齿德以为耆老，里中有盗、戍卒罪人逋逃及恶人不能捕者，里甲老人集众禽〔擒〕之，具教民榜。盖时卫所以防大寇，巡司兵以缉细奸，间有如所云，不过老人里长帅〔率〕甲首追胥，申明亭外未闻巡警铺，里长甲首外未闻总小甲也。总小甲立，有司只以徒役烦之，亦不能任盗贼故，又变为保甲。夫甲一耳，里变为铺，铺变为总，非所谓三保甲哉。"② 照此来看，洪武年间初设里甲制时，治安捕盗之责由里长、甲首、老人等担负，而此时尚未设置总小甲。

二　总小甲的形制

根据已有史料，笔者尚难以判断治安管理体系中的总小甲究竟起源于何时，但可以确定的是，总小甲最初产生于里甲制之中，担负维护治

---

① （明）顾炎武：《天下郡国利病书》第八册《江宁庐州安庆·火甲》。
② （明）叶春及：《石洞集》卷七《保甲篇》。

安、查举不法行为的职责。大量的地方志史料证实了这一点。如福建泉州府德化县，"国朝役制一里十甲，挨次轮差。……正役凡十家为甲，别推有产力者为之长。一里之地为十甲者共一百一十家循环应役，催征钱粮，勾摄公事，及出办上供物料。……十年造册，则有书手一人、贴书二人，其在县坊者为坊长。每里又有老人一名，主风俗词讼，总甲一人，掌觉察地方非常。凡老人、总甲以为众所推服者为之"①。此处的"里"，显然即里甲制下一百一十户组成之"里"，每里设总甲一人，即表明总甲起源于里甲制中，同里（坊）长、书手、老人等一样，是里甲制下的一项职役。

明清为计量征发赋役而设的基层组织，尚有"都""图"等，与"里甲"类同，总小甲亦有按都、图设置者。浙江金华府义乌县，"国朝正役以一百一十户编一图，选丁粮多者十户为坊里长，余甲首，十年轮役一次，专主催办钱粮、追摄公事；又选家道殷实者为粮长，以征收税粮；选举年高有德者为老人，以教民榜谕；设总甲、小甲，以巡捕盗贼"②。嘉兴府崇德县"国朝役法每里编定里长十名，十年轮役一次，专以催办钱粮，勾摄公事。又每里设老人一名，给以教民榜。各都有粮长以征收二税，有总小甲以巡捕盗贼，皆所谓正役也"③。

里甲制下总小甲的编制，总甲辖若干小甲，小甲管若干火夫（也称乡夫、火兵等），由里甲百姓轮充。《儋州志》称："十家为一甲，甲有长，十甲长为一小甲，十小甲为一总甲，随乡村远近大小各立更铺，以防火盗，周年一替。"④ 另台州府太平县"每图设总甲一名，统管小甲

① 嘉靖《德化县志》卷四。
② 崇祯《义乌县志》卷七。
③ 万历《崇德县志》卷二。
④ 万历《儋州志·天集》。

十名。本县总甲六十二名，已上二项亦昔正役"[①]。可见，总甲、小甲的设置，是与"十家为一甲，十甲为一里"的里甲体系完全对应的。当然随着时代发展，无论是里甲，还是总小甲的数量并非一成不变，但直到明代中后期，从表5－1和表5－2来看，在南直隶宁国府各县、浙江处州府的绝大多数县份，总甲（特别是在乡总甲）人数等同于里长人数，可见总小甲原本即产生于里甲制之下，与里甲制有着密切的联系。

表5－1　　　　　南直隶宁国府各县城乡总甲数与里（坊）长数对比

	总甲（个）	里（坊）长（人）		总甲（个）	里（坊）长（人）
宣城	在城30，在乡210	坊长6，里长210	宁国	53	53
南陵	在城8，在乡80	坊长4，里长80	旌德	35	35
泾县	64	64	太平	19	19

　　资料来源：嘉靖《宁国府志》卷三。关于总甲的职责，该志记载为"总甲主巡察市里，纠其非违，以报于县"。

表5－2　　　　　浙江处州府各县城乡总甲数与里（坊）长数对比

	在城（隅）总甲（个）	坊长（人）	在乡总甲（个）	里长（人）
丽水	30	16	100	100
青田	6	12	105	105
缙云	9	8	89	89
松阳	8	13	96	96
遂昌	4	11（今裁）	73	73
龙泉	12	12	154	154
庆元	4	4	49	49
云和	5	6	9	47
宣平	6	6（今裁）	45	45
景宁	2	6	6	50

　　资料来源：万历《括苍汇纪》卷三。关于总甲的职责，该志记载为"总甲图凡一人，下有小甲，有火夫，随乡村远近大小各立更铺，以防火盗，周年一替"。

———————

① 嘉靖《太平县志》卷三。

三　明代后期以后总小甲的转变

（一）总小甲佥派的弊端

里甲制下的总小甲，就其性质而言是一种职役，在明代中期之前，与其他徭役一样，佥派百姓承当。总小甲维护地方治安，责任重大，负担极其繁重，不仅要日夜巡逻，稽查盗贼，还有防范火灾、收敛遗体等责。"总甲之苦比经里尤甚，一遇火盗人命或审拿访犯盗贼，便着地方。徭役视为几肉，火盗责以救护，人命责以棺殓及备办尸场物件，劳费已极，少违便加痛责。又盗或脱逃，即锁押监追，倩人寻觅，旋复带比。"[①] 北京城内的总甲职责相比之下更为繁杂，"就其大凡言之，如城内则每晚携灯护送将迎，每日早压打喧闹，每月督催房号，每岁终催浚沟渠、平街道，凡地方有人命、倒卧、盗贼、火烛必报，风雨寒暑不敢后，而又有守宿灯烛之费，有市曹搭蓬及雇夫防护之费，有各衙门家火木板纸张之费，有刑部诸司老未完，五日一比，有街道房打事件，五日一卯，有各察院、东厂、锦衣卫、东司房、西司房、礼仪房正堂及坐季千户、夜巡百户、上钟校尉、兵马司正堂、本坊各卯日，间有一日而两地分卯者。即每月领有油烛工食，数曾几何？如此而望得良家子弟为我总甲，其谁能耶！"[②] 如稍有失职，即受官府惩处。万历年间，南京国子监号房住户失火，烧毁房舍数间，官府认定"火起虽曰有因，扑救岂容无策！乃地方各官法令疏弛，平日鲜曲突徙薪之计，赴救不蚤[早]，临时无焦头烂额之功，即概从重惩亦不为过"，除肇事家人外，

---

① （明）陈仁锡：《无梦园初集·劳集一》。
② （明）沈榜：《宛署杂记》卷五《街道》。

将本地总甲林二、火夫黄安、赵宗、夏忠等人"参送责治"。①

总小甲、火夫的佥派存在种种弊端，首先在于官吏徇私枉法，卖富差贫，"富而狡者得夤缘而脱免"。其次是由于明代中叶之后各地多设保甲，其职能与固有的总小甲存在重合之处，某些官吏为谋私利，将总小甲的职能擅自变更，如《赤城新志》曰："总甲都凡一人或二三人，其下有小甲，有火夫，随乡村远近大小各立更铺以防火盗。今更铺废坏殆尽，惟驱以役作，而因之以陵轹侵渔于下者亦多矣。"② 此外，部分百姓出于生计考虑，私下雇人代役，但一旦发生火灾、盗案，"私雇总甲"往往仍将责任推卸给"正身总甲"，"私雇总甲本身既已冒滥工食，且又通同吏胥夤缘为奸，诸凡卖富差贫，改移定限，兼之飞差四出虚增卯酉人，或遇火盗人命等事，乃私雇总甲仍报排门正身总甲出官，无论正身家道或贫与富，辄便一混牵累，拘縻岁月，破家亡身。而正身总甲受祸惨毒，不可胜言矣"③。在这样的背景下，明代中后期，在广大民众的强烈要求下，许多地方的总小甲职役由官府佥派改行雇募。

（二）总小甲改行雇募

浙江嘉兴县，"市民所为供亿，如总甲、火夫、义官、坊民之类，其法犹未均也。富而狡者得夤缘而脱免，乃有里民施于国慨然列其实祸首，鸣诸当事者之前"。万历五年，"院司道府详允知县张问达举行门摊之法"。该法的宗旨是将总甲等力役改为按居民房屋价值征银雇募，"荐绅大夫与乡岁例贡黉序之士所居不起税，其余则估其屋舍，值十金大都租一金。租一金税其廛，岁不过八分五厘，百金上下准是为衰益，

---

① （明）孙居相：《地方火灾疏》，《皇明留台奏议》卷九《时政类》。
② 弘治《赤城新志》卷十八。
③ （明）丁宾：《署院事丁都御史题准排门条鞭事宜》，《南京都察院志》卷二十《职掌十三》。

而道路僻陋、人氓贫苦者则又裁减之不满法。嘉兴为坊者九,总六千九百五十户,税可得银一千三百八十一两八钱五分,输之官,官乃招募习事者为总甲、坊民诸役。总甲役最繁,而宣公放生为旌旄驻节之所,其役尤甚,故食于官值约一十二两。如春波北板盐仓常丰其值十两八钱,蒯搭王家六里其值九两六钱"。总甲之役改行雇募,减少了对民众生产生活的妨碍,"民之徭于官也,力役则无常费,雇役则有定额。初坊间屋舍不满百金者辄充总甲,岁值一月,一月之费少者不下七八金,而多者过十金,民宁不坐困哉? 兹门摊行即屋舍百金者岁不过一金,民勉力输税则可安枕而卧矣"。此外,"役在民则其费多,役在官则其费少,如总甲坊十二人,其费以百金为常,兹定为雇役之法,则不及十金而办矣。诸役皆称是善"①。

南京城的改革过程与之类似。万历年间南京城内外广设巡警铺,每铺均有总甲一名,下辖火夫两到三名(少数巡警铺仅总甲一名,不设火夫)。万历三十七八年间,南京五城居民李自新、刘鸣晓等向有司请求由官方雇募总甲。官府起初认为雇募的银钱额数需要按照各家财力派征,"无各家贫富等第册籍,无从凭据议编雇募"。对此刘鸣晓等提出"身等向来私雇总甲,原有出钱数目。今既恐无凭据,身等愿将三十六年分一年之内各城各铺大小贫富人家各出钱数,公同会众各铺写册一本,名为'五城铺册',送官以备查考"。有司最终批准了刘鸣晓等提出的将总甲之役由官方雇募的请求,并根据刘鸣晓等呈献的千余本"五城铺册","细算五城见该出钱总数,随即模仿前任题准'简可照繁册'并'地方夫差册',细查五城今日合用总甲、火夫并当更夫、活拨上陵等项灯夫,并各公用家火器皿各该钱总数,较之前项所定铺钱尚有赢

---

① 崇祯《嘉兴县志》卷十《赋役》。

余，随即会同五城御史将前各铺所派各家钱数各行尽钱照减，务使今日所派钱数与今日所用钱数一一相同。"① 改革之后，应募承充总甲、火夫者均可从官府领取工食银，南京城每名总甲每年工食钱 5400 文至 9900 文，每名火夫每年工食钱 3600 文。② 其他地方州县亦然，嘉兴府崇德县"总甲一十名，该（工食）银一百五十两"。③

第二节　民兵中的总小甲

明代初期各地的治安维护主要依靠卫所、巡检司等军事机构，并未设置民兵。而明代中期之后，卫所制度实质上日渐瓦解，地方的治安防范能力逐渐下降，许多地方为维护本地治安，打击盗匪而设立民兵（乡兵、民壮、机兵等）组织，其中往往亦设有总小甲一职。如《怀星堂集》提到，"本县往时擒盗保民之人，有民壮四百名，内设总甲四名领之。千长数名，各设总甲不等，每甲督率乡夫三五十名。凡此二项卒徒，皆系平日训练闲习，临事累效功劳"。④ 又如嘉靖年间兵部尚书胡世宁提出"从地方总甲里老人等将各家五十以下、二十以上壮丁，不分家主、义男、家人，尽数报出，而于各家排门粉壁上各书本家壮丁姓名年貌、其六十以下、十五以上名中下亦书，以备运砖、送饭等用。仍责一壮丁各置坚利器械二件，不分昼夜，各请教师演习武艺。……精选各户壮丁年二十以下、十八以上、气力强壮、身材矫捷之册籍纪年貌，选委教师演习武艺，仍编每十名一甲，外立小甲一名。另添杂役备缺一

---

① （明）丁宾：《署院事丁都御史题准排门条鞭事宜》，《南京都察院志》卷二十《职掌十三》。
② 《南京都察院志》卷二十《职掌十三》。
③ 万历《崇德县志》卷二。
④ （明）祝允明：《怀星堂集》卷十三《书牍》，《呈分守刘参》。

名，以应古炊家子之制。每甲共十二名，每五甲六十名为一总，外立正、副总甲各一名，以应古正、副队头之制"[1]。民兵中的总小甲，不同于里甲中的总小甲。例如：

> ……孔子有言，以不教民战是谓弃之，是以上司有教练乡兵之令。若令里甲呈报壮丁，恐乘机作弊，反成劳扰。此可令地方总甲将所管乡村居住人民不分主户、客户，排门报官，不许遗漏一门。每门除六十以上十五以下老幼外，其壮丁亦各尽数报官，不许隐漏一丁。如有隐漏，即将总甲枷号痛责，决不轻恕。通算各乡村壮丁，除例该优免外实有若干名，少则五人朋当乡兵一名，多则十人朋当乡兵一名，每五十名仍设总甲一名以管理之，五百名设老人二名以总管之。[2]

显然文中前后两处"总甲"的含义是不同的，前一处"总甲"是居民中设立的总甲，其已从里甲制中分立出来，不仅管辖编入里甲的民户，同时亦管理未编入当地里甲的民户（如流寓客户等），而后一处"总甲"是乡兵中设置的总甲，专管所属五十名乡兵，并不统管民户。

由于人民逃避赋役的现象越来越多，里甲体系内的丁口编审制度趋于形式化，载籍户口日渐失真，"国初因都分里，徙不出乡，厥后民无恒字，不特甲首分裂四溃，里长亦徙他都，惟岁趋役可按籍求，里中则不相摄，故不得不随地甲之势也"[3]。在不少情况下，总甲、小甲及民兵并非仅从里甲民户中拣选，而是按照实际居住的男丁选拔，即上文所谓"不分主户、客户，排门报官，不许遗漏一门"，其制已趋近于保甲

---

① （明）郑若曾：《筹海图编》卷十一《精教练》。
② （明）何瑭：《柏斋集》卷八《与王都司论兵二篇·论乡兵》。
③ （明）叶春及：《石洞集》卷七《保甲篇》。

制，而与固有的里甲组织断然有别。

民兵中的总小甲编制往往因地制宜，各具特色。正德年间，王守仁于赣南编练民兵清剿盗匪，"将调集各兵每二十五人编为一伍，伍有小甲；五十人为一队，队有总甲"，"小甲于各伍之中选材力优者为之，总甲于小甲之中选材力优者为之"，"总甲得以罚小甲，小甲得以罚伍众，务使上下相维，大小相承，如身之使臂，臂之使指，自然举动齐一，治众如寡，庶几有制之兵矣。编选既定，仍每五人给一牌，备列同伍二十五人姓名，使之连络习熟，谓之'伍符'。每队各置两牌，编立字号，一付总甲，一藏本院，谓之'队符'"①。又如表5-3所示，广东琼州府各县总甲数多则为5个，少仅为1个，琼山、临高等县每总甲平均统辖10个小甲，而乐会县每总甲平均仅统辖5个小甲。每小甲平均统辖壮丁数各县则从8名至11名不等。

表5-3　　　　　　　　广东琼州府各县民兵编制

	总甲数（个）	小甲数（个）	民壮数（人）		总甲数（个）	小甲数（个）	民壮数（人）
琼山	5	50	500	儋州	4	20	180
澄迈	2	16	160	昌化	1	5	50
临高	3	32	320	万州	2	12	132
定安	4	12	97	陵水	1	6	58
文昌	2	14	145	崖州	2	14	126
会同	1	6	54	感恩	1	3	33
乐会	2	10	110				

资料来源：正德《琼台志》卷二十。

即便一县之内，各村镇民兵中的总小甲编制往往亦复杂多样，以河南尉氏县为例，"本县金点机兵，以大小人户攒取，五十四丁朋充一名，

① （明）王守仁：《王文成全集》卷十六《兵符节制》。

每一人作一丁，每粮二石折作一丁，每年工食每名该银七两二钱，即系五十四丁人内朋出此银给付之。其二百名分作四队，每队五十名，内立总甲一名约束之，丁粮时有登耗，十年轮编一次，各给由贴付照。保长、总甲、小甲、乡夫共五千六百五名"[1]。

该县各乡村（关厢、镇店等）小甲数目不等，有仅编一小甲者，亦有超过十小甲者，尹郭保镇店则多达22小甲。每小甲各统领乡夫十名（个别小甲领乡夫七名或十五名）。小甲之上，则有老人、保长、总甲等，情况比较复杂，有下列几种情形：（1）部分村镇设老人或保长一人（或为老人，或为保长，无并置者），其下设总甲一人（个别村设总甲二人），统领若干小甲，如"北营保七里店乡村保长一名，总甲一名，小甲五名，各领夫十名"，少数村镇不设总甲，由老人或保长直接统管若干小甲，如"岳寨保马村店保长一名，小甲六名，各夫十名"；（2）部分村镇不设老人、保长，仅总甲一名统领若干小甲，如"在城南关厢总甲一名，小甲二名各领夫十名，小甲一名夫七名"；（3）部分村镇不设老人、保长，亦不设总甲，仅小甲若干，如"马家乡村小甲四名，各夫十名"。

第三节　总小甲与保甲制的结合

明代中期，尤其是嘉靖之后，各地陆续推行保甲法。由于保甲制与总小甲的职能有重合之处，在部分地区总小甲被官府裁撤，如"徐州卫地方共设总小甲十二名，每方仍各设灯夫二名、更夫二名，每名

---

[1]　嘉靖《尉氏县志》卷二，下一段引文亦出于此处。

月给银三钱，岁该银八十六两四钱。徐州左卫地方共设总小甲七名、更夫一名，每方仍各设灯夫二名，每名月给银三钱，岁该银共五十四两。又徐左二卫地方编派总甲一名每年（笔者注：当为月）用银九钱，小甲一名用银五钱，火夫一名用银三钱，岁该银二百零六两四钱。前件该本道看得前项人役原设于本道参府及两卫掌印巡捕等衙门打更、执灯并各地方防守及杂差之用。今本道参府更夫见有伺候吹手可代，卫官暮夜出入跟随军伴可以执灯。至于各方见今编派保甲排门，巡逻总小甲何得又行重设？打水做工等差徐左二卫原有额设军便，官银自可应用，何得又行科派？俱属冗役靡费不赀，应合裁免，以苏灾困"①。而在另一些地区，地方官员通过巧妙设计，将保甲制与总小甲结合起来，共同发挥作用，进而将总小甲融合到保甲制中，成为保甲制的构成要素。

一　明代中期福建保甲法中的总小甲

福建早在正统年间即设置总小甲，"正统十二年监察御史柳华奉命巡按于闽，警备盗贼。时承平日久，境内晏然，未闻桴鼓之声。华至，檄各郡县，凡城郭乡村之中，大小巷道首尾俱令刜立一隘门，门上为重屋，屋各置金鼓兵戈器械于其上，又于乡村之小者立望高楼于其中，大者则立于四维，乃编其各乡民为什伍，而设总小甲以统帅之。夜则轮番直［值］宿于隘门之上，鸣鼓击柝以备不虞，有不从令者听总小甲惩治之。治之而不悛者，许总小甲闻官处问"②。至嘉靖年间，朱纨在福

---

① 万历三十五年二月《明徐州蠲免房租书册》，《中国史学丛书·三编》，台湾学生书局 1986 年影印本。

② 嘉靖《延平府志·拾遗志》卷一。

建沿海推行保甲法时，"各该地方原有保长、约长、总甲、小甲、应捕等项，俱仍其旧，不必另立名色，其人不足用者易之。此虽有督率各甲之责，然须挨列本家牌内一体轮直［值］，亦听九家讥察"①。

将总小甲与保甲制更加完满地结合者，当属隆庆年间担任泉州府惠安县知县的叶春及。上文业已述及，他观察到原有总甲和保甲制的弊端，即在该县革除陋规，并设计一套别具特色的基层管理体系，将固有的保甲、总小甲和乡约有机结合起来，令总小甲、保长（副）、社首、耆老等基层头目既承担明确的职责，又能紧密联系。

叶春及规定"都必有铺，铺有多寡，铺必有甲，甲有多寡"，即建立一套"都（坊）—铺—甲"三层级的基层管理体系，最基层者为十户所组成的"甲"。"都立耆老一人、社首一人。社首者一社之首邑，故其其号以帅各铺保长。""铺立总甲一人、小甲一人、保长一人、保副一人。"② 总小甲与保长（副）并存，各司其职。总甲"主侦谍小事"，即侦查内部不法行为；保长由社首统领，负责"捍御之事"，"若有羽檄之警，保长副乃会其什，以旗鼓兵革保于竟［境］上"，抵御外来盗匪。

为配合保甲制的实施，叶春及制定了"二牌三册"的户口管理制度。上文已阐释，"二牌"指的是各家牌和十家牌，是叶春及对王守仁保甲法的借鉴模仿；"三册"则指约册、铺册和保册，牌册均"随众寡而登之，正在有司"。其中的铺册由"总甲司之"，在约册基础上，"凡有职役之人与夫老幼残疾皆免，籍其壮者"，记载各户壮丁名字，作为充当夜间巡逻的更夫及官府金派杂役的依据，"轮过即注名下曰某月某

---

① （明）朱纨：《甓余杂集》卷八。
② （明）叶春及：《石洞集》卷七《保甲篇》。后两段所引文献未注明者均出自此处。

夜轮过某役"。夜巡的具体规定为"城中每铺夜五人巡警如故。各都各铺亦随地方，近者五人，远者十人巡警，或登楼而望，或沿乡以巡，不行者罪在总甲"。可见，在叶春及制定的保甲法中，总小甲已成为保甲制中重要的构成要素。

二 其他总小甲与保甲制结合的事例

隆庆三年，湖南永州府由分守道下令编立保甲，保甲规条中规定"大率十家为一甲，如十家之外遇有畸零，即附十家之后，同为一甲。一甲之中就其十家择稍有行止才力者为甲长，大率十甲为一保，就在各甲又择行止才力之优者一人为保长。若旧有总甲去处，或百家以上或不及百家，各仍其旧，不必拘定名数，以启纷更。保亦因之。总甲、保长、甲长人等俱不许用积年包当扰害地方"①。固有的总甲被吸收到新设的保甲制之内。

从《留台城约》中，可知万历年间南京城内保甲法与总甲制并存，保甲长和总甲各司其职，协同维护治安。如"见今各处街巷业已设有栅栏练锁并木梆一具，各城仍同各保甲长务不时查阅，有毁坏者即便动支房号官钱修葺〔葺〕坚固。其栅栏着该铺总甲专司启闭，戌末闭，卯初启"。又如"今后保正副、甲长各查佃房内丁口生理，另立一牌，总甲带同到城验发，为首一名悬挂。本城另造佃房一册者，房主各造店历，遇有新到别迁，务取保正副、甲长、总甲给状到官，方准写入店历听查，如违连究勿贷"②。

而《衢州府志》中的记载则将总小甲完全移植到保甲法中，"吾

---

① 隆庆《永州府志》卷十一《保甲》。
② 《南京都察院志》卷二十《职掌十三·留台城约》。

谓欲行保甲须重保长，保长不必另择也。昨岁见年里长即为今年总甲，令总甲择立小甲二十人报名在官，因以小甲二十人分为五班，一班四人昼则讥察，夜则巡逻，有刈菜蔬、盗瓜果、烹鸡犬、败田苗事至微小者动辄报官，嫌于纷杂，或许量罚斗升以酬小甲工食之资，大则报官以法律治"①。明代中后期，许多地方的总小甲已完全融合到保甲制之中，上文惠安县及本段的衢州府便是例证。此外，时至明亡，清军入关伊始，摄政王多尔衮下令："各府州县卫所属乡村，十家置一甲长，百家置一总甲，凡遇盗贼、逃人、奸宄、窃发事故，邻佑即报知甲长，甲长报知总甲，总甲报知府州县卫。府州县卫核实，申解兵部。若一家隐匿，其邻佑九家、甲长、总甲不行首告，俱治以重罪不贷。"② 显然将"总甲"置于保甲法之内，亦是对明代既有制度的承接继受。

　　笔者根据所收集的史料，将明代治安管理中的"总小甲"加以分析归纳，发现"总小甲"大体可分属里甲、民兵、保甲三种系统。就里甲而言，总小甲最初产生于里甲制之中，就其性质而言是一种职役，担负日夜巡逻、稽查盗贼以及防范火灾、收敛遗体等繁重职责。总小甲的佥派存在种种弊端，明代中后期在广大民众的强烈要求下，各地的总小甲职役陆续从官府佥派改行雇募。就民兵而言，明代中期之后，许多地方为维护本地治安，打击盗匪而设立民兵（乡兵、民壮、机兵等）组织，其中往往亦设有总小甲一职。就保甲而言，明代中叶，尤其是嘉靖以后，各地陆续推行保甲法。由于保甲制与总小甲的职能有重合之处，部分地区的总小甲被官府裁撤，而在另一些地区，地方官员通过巧

① 天启《衢州府志》卷十六《保甲》。
② 《清世祖实录》卷七，顺治元年八月癸亥。

妙设计，将保甲制与总小甲结合起来，共同发挥作用，进而将总小甲融合到保甲制中，成为保甲制的构成要素。值得注意的是，这三种系统下的总小甲，完全可能出现于同时同地。因此，若要明确某一处"总小甲"的含义，不能单凭年代判断，而需要仔细研读上下文语境，具体情况具体分析。

第六章　保甲制与防灾救灾

古代生产水平落后，灾害频仍，有效地防灾救灾，对于社会稳定至关重要。保甲制的主要目的，在于加强户口管理，查举不法行为，同时武装动员民众抵御盗匪，维护治安稳定。除此以外，保甲制在灾害的防范和赈济中，亦发挥着积极作用。鉴于以往相关研究对此关注较少，笔者在本章中利用相关史料，探讨明代中后期保甲制在防范、火灾和防备、赈济饥荒中起到的功效。

第一节　保甲制与火灾防御

古代的城镇、村落中，多半房屋鳞次栉比，居住密集，一旦失火，往往广为蔓延，民众人身财产损失惨重。因此，历代官府对于火灾的防范都极为重视。在保甲制完善之前，南北两京及许多府州县均设总甲制，总小甲及下辖火夫除负责巡逻查拿盗贼外，亦承担防范火灾的职责。保甲制建立后，保甲条规中往往专门制定防范火灾的条款，明确保甲长等首领及广大百姓防火、救火的法律责任。这样的规定在保甲条规中比比皆是。

王学益于嘉靖"二十四年由应天府丞升左佥都御史，以贵州多盗而弭盗之法莫切于保甲，作保甲谕"①。其中规定，"若有水火盗贼之灾，十家共出力而救之，救之而力有不及，则以甲传甲，合百家千家而共救之，仍每家各以其力置为御盗之器、止火之具，使无至于临事束手，则虽以十家为保，实以百家千家为保矣"。可见防火与御盗并重，保甲内人户在防御火灾方面的职责，首先是每家需置备防火器具，其次，一旦周围发生火灾，各家须协力救援，形成集体动员防火的有效机制。

嘉靖后期的《吴城保甲条议》中，亦是防火与御盗并重，而规定更为细致。"或遇有火起盗至，急应救护之事，小甲执牌照查，不到者呈报官府惩治。宜谕令每家各备兵器一件，不拘刀、枪、叉、棍，并各备麻搭一根、火钩一把、水斗一面。如遇里中有盗贼劫财，擂鼓兼鸣锣为号，聚众并力救护；或偶失火，即摆鼓为号，保长、总甲、小甲督率各甲人户，齐力急救，勿致延烧为上。有功者，次日报官，宜重加犒赏，仍令被害之人出财给谢。其若坐视不救，以致失事延烧者，除从重问罪外，仍量罚银米，给恤被害之家。"②"麻搭一根、火钩一把、水斗一面"为各家需置备的防火器具。一旦失火，保长、总甲、小甲有督率救火之责，甲内人户亦均有参与救火之责，如若坐视不管，须承担法律责任。与此类似的是隆庆年间湖广岳州府保甲法的规定，"大率每甲共置铜锣一、长枪二、短刀二、麻搭火钩二、铳一、弓矢各二副，遇有火盗之警，则保甲长鸣锣放铳，一以传十，十以传百，远近响应。各家齐执器械并力救护。事毕则保长收牌查点，不许各分彼此也"③。大约同时，云南推行保甲，条规中亦曰"救火防盗俱照牌规册内件数各办器

---

① （明）张萱：《西园闻见录》卷九十六《政术》。
② （明）郑若曾：《筹海图编》卷十二下《吴城保甲条议附录》。
③ 隆庆《岳州府志》卷六。

械，造完，甲长开报送查"，"牌甲出入相友、守望相助。或遇火盗，则甲长执牌叫同各家各执器械出赴救护。火盗势大，各街巷牌甲俱出，不得坐视"[1]。

除了家居不慎失火外，有时盗匪在作案时也会蓄意纵火。此时保甲人户即须同时御盗与救火。福建巡抚黄承玄于万历后期颁行于福建的《约保事宜》中规定："每户各置尖利器械一根，每甲共置锣一面，有力者置铳一管，又每甲共置大木桶一个。凡遇盗发火起，各甲鸣锣放铳，集众并力救援。事毕之时保正副共收十甲牌查点，有不到者严查有无情弊，报约纪簿戒惩。……（御盗之时）大约十家之中定以一人鸣锣，二人先驰传报，七人执铳捍御追逐。若盗不纵火，则鸣锣执铳者皆行，如若纵火，则留三人救火，五人追贼。各预定执事署之，牌中有临期错误者罪之"[2]。

蓄意纵火，乘机制造混乱的除了普通盗匪，还有可能是敌方奸细。明末周鉴的《金汤借箸》中对此拟定了详细对策："贼人内应，多以举火为号。城中人防变，又必多积柴薪，一旦火起，居民仓皇狼突，奸徒因得乘机窃发。今预立救火夫四十名，各家贮一水缸，各坊备长火钩十把、旧絮被或絮袋十条、大小水桶五付、辘轳十付、浇桶十付、长梯五付、长枪五把，以防一时火变，则持钩者十人将起火屋并下风屋钩倒，以水湿絮袋扑之，司汲十人汲水入桶，担水五人、登梯十人运浇，持长枪五人巡守要路，以防乘机抢掳者。城中居民止许本坊赴救，他坊百姓不许奔看混救，即系守城垛夫、巡官将领之家亦不许下城救应。奸人见我镇静如此，无能为变矣。若本坊保甲救护不力，致有延烧，及不系本

---

① 万历《云南通志》卷十《官师志》。
② （明）黄承玄：《盟鸥堂集》卷二十九《公移·约保事宜》。

坊居民乘机抢火者，查出以军法重治。"①

第二节　保甲制与饥荒的防备和赈济

历代发生饥荒之时，为挽救黎民生命，维护形势稳定，官府必须向灾民赈济粮食。赈粮之时，官吏须认真核对户口，既防止冒领、多领，又可统计灾民人数，以便下一步赈济的筹划。利用保甲体系统计灾民人数、实施赈济，宋元时已有人行之，如元代曲惠，至正年间担任尤溪县尉，当红巾军压境时，"乃行保甲编伍之法，发常平赈民"②。明初亦有事例，如汉中府知府费震，"震在汉中多善政。值大军平蜀之后，陕西旱饥，汉中尤甚。乡民多聚为盗，莫能禁戢。是时府仓储粮十余万石，震与僚属谋曰：'民饥如此，岂可坐视其毙？仓廪储粮尚多，吾欲发以贷民，赈其饥荒，俾秋熟还仓，且易陈为新，何如？'众以为然，即日发仓令民受粟，且以状奏闻。自是攘窃之盗与邻境之民多来归者。震皆令占宅，自为保伍，验丁给之，赖以活者甚众。因籍为民得数千家，至秋大熟，民悉以粟还仓"③。随着里甲体系的建立和黄册的定期编纂，明代前期，赈灾往往是依据黄册上的户口登记操作，但根据里甲黄册赈济有其缺点，即受惠者只及土著，不及流寓。且随着里甲体系下丁口编审日趋形式化，载籍户口与实际情况渐行渐远，甚至大相径庭。随着明代中期保甲制的设立，其严密、实态的户口管理体系无疑更有利于官府掌握饥民数量情况，制订其为切实可行的赈济政策。"或言近岁赈饥，皆领于里甲，何独编保甲以代之？曰：保甲犹里甲也。往昔以相邻相

① （明）周鉴：《金汤借箸》卷二《清野部·防火变》。
② 弘治《八闽通志》卷三十八《秩官》。
③ 《明太祖实录》卷七十，洪武四年十二月癸巳。

近，故编为一里，今年远人散，不若见编保甲之民，萃聚一处，其查审易集，其贫富易知。"① 不少官员鉴于这一优点，加之保甲组织较强的动员性，而在筹备赈灾、派发赈粮、维持秩序等事务中积极运用，使之发挥作用。

一 嘉靖年间的保甲组织与防灾赈灾

嘉靖八年，"兵部左侍郎王廷相言：迩来各省岁饥，民且相食。皇上命虚郡国仓廪以赈之，犹不能足。所以然者，以备之不豫故也。备之之政莫过于故之义仓，臣尝仿其遗意参较之，若立仓于州县，则穷乡下壤百里就粮，旬日待毙，非政之善者。臣以为宜贮之里社，定为规式，一村之间约二三百家为一会，每月一举，第上中下户捐粟多寡各贮于仓，而推有德者为社长，善处事能会计者副之。若遭荒岁，则计户而散，先中下者，后及上户，上户责之偿，中下者免之。凡给贷悉听于民，第令登记册籍以备有司稽考，则既无官府编审之繁，亦无奔走道路之苦。乃是可寓保甲以弭盗，寓乡约以敦俗，一法立而三善具矣。下户部覆如其言。上曰此备荒要务，其如议行"②。

考之史料，王廷相创立的"会"有两大特点：首先，能够为平日筹备赈粮、灾荒时派发粮米发挥积极作用；其次，其组织严密，职责明确，在设立义仓中寓保甲之意。"不论乡村城镇居民，除别省商贾人等不编外，但系本土邻近县分人民，同住一城一村者，每二三十余家约为一会，务任相情愿，村小人不及数者得与邻村同会，共推家道殷实、素有德行者一人为社首，处事公平、人所信服者一人为社正，颇晓文书、

① （明）周孔教：《荒政议》，载《救荒策会》卷六。
② 《明世宗实录》卷九十九，嘉靖八年三月甲辰。从下文史料来看，每会并非二三百家，而是二三十家。

会算者一人为社副。凡在会、在仓出纳会计、纠正赏罚之事共商议行之。"这一组织除了管理义仓粮米外，还承担管理户口、查举不法行为、抵御盗匪等保甲固有职责，及调解纠纷等乡约职能。"凡同会之家，务要各相保爱，遇水火盗贼则同心救护，有婚姻丧葬则协力赞助，其因事斗争，不相和好者，社首、社正集同会之人评其事之曲直，使曲者服罪以谢直，不从则率众以求直于官府而治之。会中之人或各家子弟有远出者则告于众曰：某为某事向某处去。社副即附于簿，回日本家请社首同众点视其行李物件记之。有亲友自外来者，当日即报于社首等曰：某亲友某处人，为某事来。社副亦即附于簿。当日本家亦请社首同众视其行李物件记之，去之日同此。其间有面生可疑之人暗来暗去不令众知者，社首等因会而疑论之，察其不悛，率众捕获，送于官而究之。"① 可见，"会"的实质正是将义仓、保甲、乡约汇为一体，"寓保甲以弭盗，寓乡约以敦俗，一法立而三善具矣"。

亦是嘉靖年间，林希言所著《荒政丛言》中为合理安排饥民领赈周期，防止冒领、多领，加强饥民领赈时的秩序管理，专门在饥民中设立群甲组织。从组织结构来看，其与保甲制有类似之处。"随饥口多寡，不分流移土著，合就乡集立厂。每厂赈济，官给与长条小印，上刻'某厂极贫饥民'，以油和墨印志于脸。每人给与花阑小票，上书年貌住址，如系一家，即同一票，五日一次，赴厂验票支米。十人为甲，甲有长。五甲为群，群有老。每甲一小旗，旗上挂牌，牌书十人姓名，甲长报之。每群一大旗，旗上挂牌，牌书五甲姓名，群老执之。群以千字文给号。当给之日，俱限巳时，群老甲长各执旗牌，领率所属饥民，挨次唱名给散。每口一支五升，每甲五斗，每群二石五斗。群、甲之粮只给

---

① （明）王廷相：《浚川奏议集》卷三《乞行义仓书》。

长、老，使之给散，必印脸验票者，防其伪也；必群分旗引者，防其乱也；必一时支给者，防其重叠也；必总领细分者，省其繁且迟也。"①

二 万历以后保甲制与灾荒赈济的结合

王廷相建立的"会"，具有防灾救荒的直接目的；林希言将饥民编设群甲，亦是直接为赈灾而设。而一般的保甲组织，虽无此直接目的，但在存粮备荒、派发赈粮、维持领赈秩序时同样发挥功效。万历之后，随着保甲法在各地的普遍推行，有关保甲服务于救荒的记载亦不难见到。

（一）吕坤的乡甲会仓备荒法

万历中期，吕坤巡抚山西时，"将乡约保甲总一条编"，积极推行"乡甲制"，"本县及寄庄人民在城在镇以百家为率，孤庄村落以一里为率"设立"约"，各约除设约正、约副等人纠举过恶，调处纠纷外，又设保正等负责组织抵御盗匪。② 此外，吕坤规定于乡甲组织内设立会仓，平时积累粮米以备饥荒，"缘民间不肯自积，故本院欲立会仓，各量贫富家口为多寡，每月二次积之，本约择以宽大处所贮之，粟不便者纳钱候籴。大率每岁二十四会，富者每岁积粟二十四石，贫者亦不减二石四斗，百石以上编一露囷，覆以重茅，不许敛散，恐难催收。直至大歉之年，各照原积之数分领救生"。会仓由各约管理，官府加以监督，"于本约之内择殷实好义者一人为司贮，能通书算者一人为司记。如果公勤慷慨，众所推服，积谷三百石以上众无怨言者，公禀于官，验实旌奖"。吕坤设立会仓，旨在使用强制手段于平时积存粮食以备灾荒食用。

---

① （明）林希言：《荒政丛言·二三便》。
② （明）吕坤：《实政录》卷三《查理乡甲》、卷五《乡甲事宜》。

"盖粟在家便于花销，粟在会难于支用，自非凶荒之年大分之际，即有十分紧急，不许辄讨先支，违者禀官责治。其谷数每岁报官，分时禀官。其仓属之民社，与州县原不相干，有司但查积多者奖赏，不积者督责，如此则家家有救命之资，人人有备荒之策"①。

（二）周孔教保甲赈灾法的尝试

"《荒政议》者，万历间周中丞孔教抚苏时所颁行也。"② 周孔教在《荒政议》中提到："救荒有六先，曰先示谕，先请蠲，先处费，先择人，先编保甲，先查贫户。"关于赈灾之中须"先编保甲"，作者认为"弭盗安民，莫良于保甲之法。然有在城行保甲而在乡不行者，有在乡仅报保甲长而花户不报者，有仅报花户数名而十室九漏者。夫是法也为弭盗而设，是以治之之道编之也，民情莫不偷安，故其成也难；为赈饥而设，是以养之之道编之也，民情莫不好利，故其成也易"。也就是说，御盗与赈灾，同样是保甲的重要职能，而相比之下，后者更关乎普通百姓的利益，更为其所重视，因此突出保甲的赈灾职能，能够促进保甲法在民间的贯彻，"今遇灾赈，正编行保甲之一机矣"③。

周孔教设计的保甲体系，可谓别具一格。"合令各府州县择廉能佐贰一员专董其事，大概先将城内以治所为中央，余分东南西北四方，如东方以东一保、东二保、东三保等为号，每保统十甲，设保正、副各一人，每甲统十户，设甲长一人。南西北方亦如之。东方自北编起，南方自东编起，西方自南编起，北方自西编起，编至东北而合，方不可易而序不可乱。次将境内以城郭为中央，余外乡村亦分东南西北四方。其编

---

① （明）吕坤：《实政录》卷二《民务卷·积贮仓庾》。
② （明）陈龙正：《救荒策会》卷六。
③ （明）周孔教：《荒政议》，载《救荒策会》卷六。下文中有关周孔教保甲赈灾法之引文均出于此。

保甲如在城法，大村分为数保，中村自为一保，小村合邻近数村共为一保。一保十甲，听其增减甲数，因民居也。一甲十户不可增减户数，便官查也，或余剩二三户，总附一保之后，名曰畸零，此皆不分土著流寓而一体编之者也。其在乡四方保正、副又以在城保正、副分方统之，如在城东一保统东乡几保，在城东二保统东乡几保，以至南与西、北莫不皆然。"其关键特色，在于"以在城（保甲）统在乡（保甲）"。在其看来，其优点为"计方分统，内外相维，久之，周知其地里，熟察其人民，凡在乡户口真伪，盗贼有无，饥馑轻重，在城皆得与闻。或有在乡保长抗令者，即添差人役，助在城保长挈治之。此法行则不烦，青衣下乡而公事自办矣。有司惟就近随事觉察之，使不为乡村害耳。"

按照周孔教的设计，保甲组织直接参与赈灾，主要承担以下职责。

首先是查清饥民人户，这是赈济饥荒中的要点和难点。如果待赈人口数量掌握不准，那就难以统筹赈粮、赈款的所需数额，无法有效开展救灾工作。"救荒之法，凡以为贫民下户也。官司非不欲一一清审之，奈寄之人则难公，任之己则难遍。昔人谓救荒无奇策，正以贫户之难审也。所以然者，亦不豫［预］故耳。"保甲制的优点，在于其实态、严密的户口管理体系，在灾荒中可借助其查清饥民人数。"合令被灾各府州县，豫［预］乘秋月，以主赈官督在城保长，以在城保长催在乡保长，以保长催甲长，以甲长报花户，每甲分为不贫、次贫、极贫三等，除不贫外，将次贫、极贫各口数、大小若干，贴其门首壁上。一面令每保开一土纸手本，送主赈官，不许指称造册，科敛贫民。待乡党日久论定，委官乘便覆［复］查。"

其次是赈济灾民。周孔教将赈济灾民分成"赈粜"和"赈济"两种。"赈粜"指的是以低价将粮食卖给灾民，主要针对尚有一定经济能力的"次贫之民"；"赈济"则是将粮食无偿派发给灾民，主要针对

"极贫之民"。无论是"赈粜"还是"赈济",都是以保甲组织为单位开展的。乡村区域的赈粜,"宜行见编保甲之法,间月而粜之。每先一月出示,将有灾乡保,限次月某日,某方某保排定日期,每隔日一粜,以防雨雪壅滞之患。每甲不论贫户多寡,大约许粜三石,多或五石。其通水去处,则移舟就民间水次粜之。或有富人强夺贫人之粜,当行张咏赈蜀连坐之法,一家犯罪,十家皆坐不得粜。如此推广,则在在有保甲,亦在在有粜粜,而穷乡僻壤无不到之处矣。所粜谷价,俱比时减三之一"。周孔教将保甲固有的连坐制度推行到赈粮当中,以强化秩序维护。粜米额数,每保甲平均摊发,而保甲内部则按实际人数分配。"一甲之中,唯以谷均人,不因人计谷。谷数同,银数同,听其通融来粜,则官不烦,民不扰,而惠利均沾,谷价自不腾涌矣。官之粜本,则或出官粮,或借官银,或劝令富家出钱收粜,照价出粜,而量增其船脚工食之费,皆成法也。"

原本"赈济之弊多端,抄劄之时,里保乞觅,强悍者得之,良弱者不得,附近者得之,远僻者不得,吏胥里保之亲厚者得之,鳏寡孤独疾病无告者未必得,屡报屡勘,数往数来,赈济未到手,而所费已居其半矣",而通过保甲清核人户、由各保甲组织带领灾民领取赈米,则可于一定程度上避免冒领、多领等弊端。"今贫户预定,门壁大书,日久无争,已属平允。合于赈济之前一月出示,如有遗者误者,许令改正,即将门壁改书。但一保之中,贫户虽许更换,而银数不许加增。官给花栏小票,户各一张,由城而乡,由保而甲,务下诸贫户之手。仍出榜排定日期,分保支散。至期,保长带领各甲贫户正身,依序领赈缴票。每赈,极贫约谷一石,次贫约谷五斗,其或不公,赏罚一如赈粜之法。"

此外,在灾荒时期,极易触发社会动乱。为加强治安控制,周孔教亦强调保甲的武装动员。"保甲既立,宜寓之兵。每保有正副各一人,

134

正以年德者为之，令其表正乡闾，副以有谋勇者为之，令其练习乡兵，每甲十人，择年力精壮者一人为兵，专习武艺，免其直〔值〕夜等差。每月在城保副传在乡保副，在乡保副领各甲乡兵赴城比试，操练之责府县卫所分任之。"为起到激励效果，"申其赏罚，官军民快有俸粮者赏罚并行，保甲乡民无工食者有赏无罚。荒年之赏惟以仓谷，府月赏约以二十余石，县月赏约以十余石，计一年所费无多，此亦救荒之急务也"。

（三）其他官员对保甲赈灾法的借鉴与实施

1. 张朝瑞

周孔教所行救灾法，因措施完备可行，在当时社会影响较大，为许多地方官员所借鉴仿效。"继闻山西韩春霖云，周公朝瑞（笔者按：应为张朝瑞）宰金华时亦行此。殆一先颁之吴中，一复行之金华。盖其条款甚备，其文告甚繁，古今救荒之事，无弗载于此矣。"[①] 张朝瑞在担任金衢巡道时，亦将保甲与赈灾于当地紧密结合，在许多措施上借鉴效仿周孔教。如张朝瑞规定，"其放粜一节，当与四邻保甲之法并行。如该乡谷多，即粜谷一日保甲一周；谷少则粜谷分为二三日或四五日保甲一周"，"大率饥粜与赈济不同，不必每甲寻贫民而审，别之以多寡，其谷数如一甲应粜五斗或一石或二石，则甲甲皆同，惟以谷摊人，不因人增谷。粜银每甲一封，亦可庶乎易简不扰。或甲中十家轮粜，则每日每甲粜不过二人，每日粜不过二斗"，"每乡除无灾都保不开外，先期将有灾保甲派定次序，分定月日，某日粜某保某甲，某日粜某保某甲，明日出令保正、副公举贫民，至期令其持价粜买。如富者混买，连坐保甲，仍行宋张咏赈蜀之法，一家犯罪，十家皆坐不得粜"等等。[②] 而其

---

① （明）陈龙正：《救荒策会》卷六。
② （明）张朝瑞：《常平仓议》，载冯应京《实用编》卷十五。

所行保甲法，亦为"先将城内以治所为中央，余分为东南西北四坊"，"余外乡村亦分东南西北四方［坊］……其编亦如在城法"，"在乡四坊保正俱以在城保正副分坊统之"，与周孔教所设如出一辙。

2. 王士性

万历年间，王士性担任督粮参政时亦将保甲与赈灾紧密结合，主要体现在核查饥民、领赈、施粥三方面均以保甲为单位开展。

王士性指出以往按照里甲核查饥民的方法存在弊端，"夫赈恤所以不沾实惠者，止因官照里甲排年编造，而里甲细户散住各乡，不在一处，故里老得任意诡造花名，借甲当乙，无由查核。既住居不一，则其势不得不裹粮入城，赴县候审，喧集耽延"，因此"今本道与两府吏民约报饥民不照里排，止照保甲。州县官先画［划］分界，小县分为十四五方，大县二三十方，大约每方二十里。每方内一义官、一殷实户领之。如此方内若干村，某村若干保，某保灾民若干名，先令保正副造册，义官、殷实户核完送县。仍依册用一小票粘各人自己门首，县官亲到，逐保令饥民跪伏门首，按册核查，排门沿户举目了然，贫者既无遗漏，富者又难诡名，且不致聚集概县之民赴县淹待。他日散粟散粥亦俱照方举号，挈领提纲，官民两便"①。王士性将灾民分为"极贫愿食粥""次贫愿领赈""正次应量赈""极次应多赈"四类，分别施以相应赈济。

为防止领取赈粮时"里甲一召，四乡云集，由其居错犬牙，一动百动，故也及至城市，动淹旬日，得不偿失，遂弃而归，此谷皆为里长、歇家有耳"以及"临赈无法则强壮先得，孱弱空手，甚至病瘵者且践踏而死矣"的弊端，王士性采取排定赈期，各保甲依次轮流开赈的方

---

① （明）王士性：《赈粥十事》，载冯应京《实用编》卷十五。下文中有关王士性保甲赈灾法之引文均出于此。

法,"今既照保甲可以随方定期,如初三日开仓,则初一日出示。初三日赈东方,灾民仰天字号、地字号若干方,保甲带领应赈人赴县,余方不许预动。初四日赈西方亦如之,南北亦然。如东方至者,亦视其远近以为次第,庶无积日空回之弊"。领赈之时亦以保甲为单位,"当令各村保饥民随地远近,各定立某处聚集,弗混先后。每一村保用蓝旗一竿[杆]先引,次用大牌一面,即照册书各姓名于上,要以军法巡行。保正副领各细户执门首原票鱼贯从左而入,交票于官。官验毕,钤'二斗'、'三斗'字样于票,执之向廒口领谷。一村保毕,堂上鸣锣一声,仍执旗牌从右引出,听锣声则左者复入,庶无混乱"。

施粥时,保甲有组织、提供设施器具及维护秩序的职责。在提供设施器具方面,首先是安排场地,"领谷之后,殷实户与保甲择中村宽阔处所置灶十余座,或公馆或寺院,无则空地搭盖篱泊,须可隐风,毋令饥者冻死"。其次是筹措器具,"当多置缸桶瓢勺,其碗箸则令饥民自备。柴亦取给于官谷,若取于保甲,又必指此以科派细户矣。水则令保甲编户挑之。煮粥之人借用殷实户家丁,庶官与结算谷石之时,不得指他人影射为奸。人饥必成疫,须多置苍术、醋碗熏烧,以逐瘟气。"

在维护秩序方面,保甲组织主要负责查点人头、防止冒领。"每方二十里,以当中一村为爨所,州县出示此方东至某村、西至某村、南至某村、北至某村,但在此方之内居住饥民已报名者方得每日至村就食。令保甲察之,不在此方内申令还本方,不得预此方之食。""(饥民)有父母妻子病在家下,不能来者,公同保甲查的,即注于本人下,父系何名,妻系何姓,不得冒支。"而外来流民,则"昨日给过旧人,除病老不能动移外再与给食,余者不得存留",须由保甲监督出境,"违者连坐保甲"。

3. 钟化民

万历二十二年河南大荒，光禄寺丞钟化民受命出任"钦差光禄寺丞兼河南道监察御史"督理荒政。钟化民提出："我国家设保甲以防奸，设乡约以劝善，二者并行不悖，法至良也。惟有司视为空文，故鲜实用耳。即今地方矿徒窃发，添兵守矿又增饷养兵。往往擒贼率多乡兵，则除盗安民疏过于保甲哉！臣令各府州县申明保甲之法，至有矿地方择其有身家、有行止者立为保正、保副以统领之，不许为盗，亦不许容留面生可疑之人。一家有犯，九家连坐，则不必添兵，不必增饷，而盗贼潜消矣。其无矿地方各申此法。"同时，钟化民规定保甲组织须在赈灾中发挥作用，如设立粥厂，"公（即钟化民）念惟粥可以赈极贫，救垂亡之命，谕各府州县正官遍历乡村，集保甲里老，举善良以司粥厂，就便多立厂所"，"司厂不用在官人，各本地方保甲里耆公举富而好义者……谕以实心任事"①。

以往史学家评价保甲制，多强调这一制度作为封建统治者镇压人民，维护专制统治的一面。诚然，明代地方官员推行保甲法，首要目的在于加强户口管控，查举不法行为，动员百姓武装防御盗匪，维护治安稳定。官府在保甲法实施中，使用连坐法等非常手段，将自身掌握的查举、打击犯罪活动的职责，强制转嫁给民间、乡邻，的确充满专制、非公平、非人道的因素。官府和民众在价值取向上的矛盾，是保甲法长期以来推行不畅、实效不彰的重要原因。但通过本文研究也可看到，保甲法并非一无是处，除了抵御盗匪、保守乡梓的功效外，保甲制亦能够在火灾防范和饥荒防备、赈济中发挥功效，有裨民生福祉。如周孔教所言，"是法也为弭盗而设，是以治之之道编之也，民情莫不偷安，故其

---

① （明）钟化民：《赈豫纪略》。

成也难；为赈饥而设，是以养之之道编之也，民情莫不好利，故其成也易"，就这一点来看，保甲法的立法者、执法者和守法者，在利益上是并无矛盾的。

第七章　明末的保甲制

　　明代末期的天启、崇祯年间，是一个战乱愈演愈烈、灾荒此起彼伏的时代。明王朝的统治可谓山河日下，内外交困。一方面，新建立的满洲政权不断侵扰东北、华北地区，崇祯年间满洲骑兵五次侵入长城，席卷直隶、山东等地，攻陷多处府州县城，掳掠大量人畜，严重威胁明朝统治；另一方面，各地旱灾、蝗灾、瘟疫齐袭，官府疏于赈灾而急于科敛，导致民变蜂起，内外交困的明廷为筹措军费支出，加派"三饷"捐税，无异于饮鸩止渴，促使越来越多的民众加入反抗队伍，各地局势越发动荡不安。在此情形下，为稳定地方局势，抵御盗匪义军，不少地方官员强调保甲制的实施，同时许多士绅积极倡议保甲法，朝廷也下令各地官员推行保甲法[①]，由此在明末又形成了一股推行保甲法的热潮。

一　强调保甲的防御职能

　　在时局危难之际，官府推行保甲法首先强调防御功能，而且突出防御的武装性。天启年间历任江西按察使、山西右布政使、都察院右都御

---

　　① 天启五年，"敕各省直抚按严修保甲，从科臣解学龙请也"。见《明熹宗实录》卷五十八，天启五年四月甲午。

史巡抚延绥等职的佘自强，在其《治谱》中，对保甲制的实施做了规定，其重点在于防御敌寇攻击方面。城乡保甲有所不同，城镇除户口登记外，"每甲三十人为一牌，每月每家轮守一夜，其夜务要灯明梆响，看守栅栏直到天明。开过栅栏锁后，方交与第二家接手。……至保甲器械，不可朽刀朽枪，徒成儿戏。除锋利可用者外，不如一味铁钉闷棒，极便易制，若有铳炮更好。但铳炮须官制，仍要精"。① 乡村内，"每几村立一哨，随乡民之便为之，或一二里一哨，或二三里一哨，各置哨牌……其铳炮棍棒、火把梆锣之类，俱要齐备堪用，不可儿戏。仍吩咐要人人齐心，擎获贼者分赃给赏；盗发不救，查牌中姓名重治"。② 为提高保甲抵御盗匪的能力，在武装动员的同时，强制实行武装训练。"凡州县须于无事时先遣捕官役赴教场，操演快手，挑选精壮，又请教师学拳学棍，演习铳炮，农隙时便可以此意推而广之。务令乡民家家演习，齐心协力以备不虞。其法或将各处聘来教师，或将操练已精打手，分发各乡村如式训练，如有技艺出群、气力迈众者沿村加赏，即将此赏过之人又作本乡本村教师，务要一以教十，十以教百。示以盗来莫惧，盗去必追。"③

突出武装防御，缘于这一阶段保甲制极强的应时性。义军迫在眉睫，官军武装力量不足，难以防御抵挡，故不得不于民间广泛动员，"寓兵于民，以民代兵"，希求确保一时之安。保甲法往往在紧急情况下推行，无暇制订细则，故此单纯突出武装防御的首要目的。例如崇祯七年，卢象升出任都察院右佥都御史巡抚郧阳后，鉴于当地"流寇"横行，"查治属地方山川辽邈，村落零星，守望之助难行，保甲之法易

---

① （明）佘自强：《治谱》卷十《城中保甲》。
② （明）佘自强：《治谱》卷十《立哨》。
③ （明）佘自强：《治谱》卷十《保甲村哨事》。

弛", 下令在山区推行保甲制, 动员百姓利用地形地势团结自保。"山寨原无成规亦无定所, 只要择形势险峻、山顶宽平且易于取水, 可容数百人或百余人者, 将四五里七八里以内居民编成保甲, 无事各还本家, 贼来即团聚其上据险守御, 闲时多运石子石块预备拿贼。每人或枪刀或铁斧木棍各随便携带。"① 显然, 这是一种紧急状态下为动员民众实施武装防御而临时建立的保甲制。

又如崇祯七年十月, 担任南直隶凤阳府太和县知县的吴世济, 鉴于"外方屡有蠢告", 为强化治安, 下令于县城实施保甲法。"自城内居民为始, 每十家编为一甲, 轮次传更守宿。合城内居民论之, 每县不下五十人司夜, 加以五城兵壮弓兵应捕诸役, 即不下百人防守, 盗贼自然屏息矣。其城外各乡镇, 亦照此法行之。"② 可见在敌方逼近时, 官府在紧急状态下推行保甲制, 亦首先强调防御功能。

次年初, 尽管大股义军撤离当地, 对县城已无威胁, 但"土寇乘机抢掠, 讹言四布, 乡闾不安", 因此吴世济进一步完善保甲制。"每十家为保, 十保即得百人。此百人者, 即于乡约及地方耆老中素有德行者使为之长, 大集镇不过千人, 千人立十长, 十长立正副委官二人统之。遇有小警, 则互相守望, 互相防护, 草窃之辈自然望而寝谋。寓兵于农, 而不必别立兵之名, 此乃久安长便之策。"③ 显然, 此时完善保甲制的内容规程, 旨在形成长效机制。

值得注意的是, 从前文来看, 以往官府推行保甲制, 尽管也将士绅及其亲属编入保甲册籍, 但一般不强制要求其承担武装防御等带有无偿劳役性质的职责——基于士绅优免特权的考虑。然而在事态紧急时, 官

① (明) 卢象升:《卢公奏议》卷二《抚郧奏议·附抚郧公牍》。
② (明) 吴世济:《太和县御寇始末》卷下《告示五·编排保甲》。
③ (明) 吴世济:《太和县御寇始末》卷下《告示五·团练甲丁》。

府往往改变以往做法，将士绅亦纳入武装动员范围。"往例绅衿不在此数，然细民固当为绅衿之卫，绅衿亦当为细民之倡。且多蠢与承平不同，亦须稍稍变通。倘肯惠然以家人编入保甲，同忧共患，不但地方赖之，即本县亦邀有厚幸矣。"① 这样做，一方面可增加人手；另一方面在明末贫富矛盾极其尖锐的情形下，可缓解贫富阶层间的对立情绪，促进内部治安形势的稳定。

二　强化地方官的执行职责

以往保甲法主要通过保甲内部的连坐制来确保实施效果。明末大乱之际，朝廷、上级官府下令实施保甲法，除继续使用连坐措施外，也对下级地方官员施加压力，促使其全力实现保甲法的成效。

一方面，强调地方官员的督察职责。如佘自强在保甲法中规定"（城内保甲守夜人员）如有片刻偷安，州县官或系五更，或系雪夜，巡风查出，亦必照名重责。"② "（乡村保甲巡哨人员）官存哨册，有司官得闲遇便，间一清查，不许佐贰查点，致有骚扰。"③ 对于保甲的武装训练，州县官员"暇日或至乡亲查，或遣捕官比试"。④

另一方面，通过考课推动施行保甲法，也就是将保甲法的实施效果与地方官员的赏罚升黜挂钩，以此激励其认真执行保甲法。天启年间，刑部尚书乔允升上书朝廷："成法具在，今保甲非不日诏之行而虚文相应，未见实编实查，乡约岂不称善而假公济私，托以问刑告密，非法之

---

① （明）吴世济：《太和县御寇始末》卷下《告示五·编排保甲》。明末潘游龙亦持这一观点，指出："行保甲切不许优免，夫保甲之设盖所以保全富贵之家也，若富贵之家一概优免安居，而责贫贱人守望救助，不惟情理不通，恐亦非善于处富贵之道也。"见潘游龙《康济谱·弭盗》卷二十《保甲》。
② （明）佘自强：《治谱》卷十《城中保甲》。
③ （明）佘自强：《治谱》卷十《立哨》。
④ （明）佘自强：《治谱》卷十《保甲村哨事》。

不善也，乃有司奉行者之不实也。诚使有司著实举行，勿为故事，每月记善恶于簿，报之郡长，提纲即以乡甲二事为县令奏绩之最，上之监司而达抚按，如此大家提掇日论而月醒，而又寓抚字于催科，甄淑慝于激扬，将见圣德日洽，民心日固。"① 乔允升试图将保甲法的实施效果与地方官吏的政绩考课密切结合，从而强化保甲法的实施成效。

其后，山东巡按魏光绪在镇压邹城、泗水一带的"盗匪"后上奏朝廷，提出："保甲乡兵之法有何难事？臣入境首列条约，相见即行面谕及委官查勘，百无一行。而入春以来，宁阳、阳谷、济宁、费县、泗县、曲阜、聊城、息县等处月报，久事恬不为怪，太平时既不能行臣之法矣，直至今日乃敢侈言贼势哉，何无忌之甚也。今事势初定，臣请以各地方完全付之各守令而即与定一考核之法。自后不行乡兵保甲而辄以失事报者，一次二次免参拿贼；三次季中类题罚俸三个月，戴罪拿贼；四次、五次罚俸六个月，立限严拿，过限不获，赴部降用。如畏避参罚，匿不申报者，访出即行参处。失事地方不论何处，流贼止责该地方官，不得借口邻邑，致滋推诿。至于各道府统论合属州县，失事四处以上，聚贼至二百人以上，不行解散捕戡［缉］，辄行请兵者，一体题参治罪。如是而保甲不立行，盗贼不敛迹，臣不信也。"② 也就是明确施行保甲法不力的处罚量化标准，从而督促地方官员认真施行保甲制。朝廷在不久后下令："弭盗安民地方要务，便督令所属州县实行保甲之法，以获盗多寡上下其考。"③

尽管朝廷和上级官府对保甲法的推行三令五申，企图以此加强对民间基层的控制，打击各种不法行为，维护统治。然而事与愿违，保甲法

---

① 《明熹宗实录》卷四十二，天启四年五月壬午。
② 《明熹宗实录》卷四十六，天启四年九月庚辰。
③ 《明熹宗实录》卷六十四，天启五年十月己亥。

的施行并未挽救沉疴已极的明王朝覆灭的命运。终明一朝，保甲制基本上系地方官员应对治安形势的权宜之计，兴废无常，朝廷并未着手建立普遍划一的保甲法。直到清廷入关后，继承明代保甲法，多次下诏在全国范围统一施行，并制订划一的实施规则。由此保甲制的发展翻开新的一页。

结　语

保甲制是明清时期实施于基层的重要社会制度，对于户口管理和治安维护意义重大。中国保甲制的施行，甚至给当时来华的西方人留下了深刻的印象。1793 年，英国派出以马戛尔尼勋爵为首的使团出访中国，随团画师威廉·亚历山大在其绘制画作《更夫》的说明中写道："由每十户人家组成'保甲'，以对良好的行为或九个邻居负责，这种制度是很罕见的。"随团秘书斯当东亦对保甲制有记述："北京人口虽有三百万人之多，但秩序良好，犯法事件很少。同英国古代十家联保制度差不多，在北京每十家中有一家必须对其余九家的行为负责，实际上也就是九家归一家管。城内打更守夜制度严格执行，人们住在里面享受安全，但也受一点限制。"① 保甲制滥觞于上古，成名于宋代，发展完善于明代，而在清代成为全国统一推行的制度。笔者的研究，主要探讨明代保甲制的诞生、发展与成熟过程及其时代背景，分析保甲制与当时社会其他制度的关联，阐述比较各地域保甲法的实施情况，观察保甲制

---

① 刘潞、［英］吴芳思编译：《帝国掠影——英国访华使团画笔下的清代中国》，中国人民大学出版社 2006 年版，第 71 页。

的各项作用。在结语部分，笔者将进一步研究保甲制实施的利弊得失，探讨官府与各社会阶层民众对于保甲法各自不同的价值取向，同时总结概括明代保甲制的发展脉络，并简要阐明保甲制在清代的发展延续。

一 保甲制施行的功效

> 昨夜东邻惊放火，今夕西邻又盗牛。只缘邻里不相救，使我良民夜夜愁。
>
> 保甲之法自昔贤，十家十里相钩连。一家有警百家救，藩篱不许外人穿。
>
> 吊死扶伤要和睦，同宗一姓尤宜笃。莫教奸宄窜其中，非我族内便驱逐。
>
> 戍夜时闻梆与锣，防身亦带弓与箭。不烦官长相督责，保尔身家为最便。
>
> 此法不愁盗与窝，夜户不闭乐如何。今日中原渐多事，劝君听我保甲歌。①

秦镛所作的这首保甲歌以脍炙人口的语句道出了保甲法的好处。毋庸置疑，保甲法对于防御盗匪、维护基层治安发挥了巨大的功效。此外，本书第六章"保甲制与防灾救灾"也明晰展现保甲制在灾害的防御和救援中发挥的作用。下文万历初年的一个案例，足以反映保甲制防御盗匪的实效。

案件发生于万历五年，江西百姓艾锦三、朱子明、王春元等数十人

---

① 崇祯《清江县志》卷八《艺文志》。

原"各以打造首饰、木、铁、泥水等匠生理"。当年"往来庐溪县致仕乡宦副使杨储家佣工,透知本家门路及积有金银首饰、酒器、银两,要得伙劫,窥伺日久。因守巡道转奉抚按衙门按验申饬保甲严谨,未敢举发"①。

"至八月不等日,朱子明对众说称,本宦(笔者注:即杨储)家居离府九十余里,幽僻易为聚劫,就为首纠合(艾)锦三、杨庆八、王春元"等"共六十二人,约于闰八月初一日到地名桐江松山偏僻处所会集,砍竹为枪。彼因一时乌合,人心不齐,延至五更时分方到杨乡宦门首,撞开大门,明火放铳,呐喊入屋,惊散男妇,搜劫财物,将箱笼抬桌等件用刀砍碎,及将本宦不在官男、监生杨应禄文引扯碎,丢弃在地"。

"当有已被杀死义男奉奇喊叫,惊醒四邻,该都保甲鸣锣,顷刻遂集乡兵罗兴龙、钦龙、曹荣、罗家隆⋯⋯及奉奇等三千余人,各执器械围住房屋,奉奇奋勇当先,执枪突入与贼对敌。彼(艾)锦三与杨庆八、王春元等'将奉奇用竹枪戳死,砍头悬挂牌坊上,随将劫得金银首饰、银两分收藏系腰间,溃围突出'。"

"罗兴龙、钦龙、曹荣等奋勇将贼首朱子明及伙贼共三十六名俱杀死,又沿途赶杀一十名,并生擒杨庆八一名,乡兵曹荣、罗家隆、周受岳、郭文清亦被各贼枪伤手额等处。彼(艾)锦三与王春元、艾燕一、陈聪二、张忠三、陈学用等俱各弃赃逃走,乡兵当拾得各贼丢弃劫分金银首饰、盘盏、银钱、器皿、缎匹等件共值银三百余两,并前扯碎文引俱付本宦收回讫。又拾得遗下见获雨伞十六把、布袋八条,有今不在官里长杨灿、杨应初同庐陵县捕兵人等将杨庆八及众贼遗下见获腰刀一

① (明)潘季驯:《潘司空奏疏》卷六《督抚江西奏疏》。本案例相关引文均出于此。

把、竹抢一根、为旗红布被一床、小布袋一件俱解赴本县巡捕主簿唐继元，揭报本府巡捕通判张明化，随报分巡道副使吴从宪，著令各官差兵缉捕。"经过多方追缉，最终捉获盗匪王春元、艾锦三等多人。

经府、道各官员逐级审讯明白后，巡抚潘季驯会同巡按上疏朝廷，除提请奖赏有功乡兵，严惩艾锦三等在押盗匪，并严行通缉在逃盗匪外，指出"贼徒四集，劫杀横行，虽系庸作窥伺之人，实有伙党深入之患，地方诸臣难逭罪谴，但乡兵厚集一呼而至者三千余人，临敌争先，一斗而毙者五十余众，若非平时拣阅，岂能仓猝应援？所据各官功罪相应分别议处"。在此他强调保甲法的实施对防御盗匪发挥的重要功效。

同时，潘季驯在奏疏中提议在全国各地强化推广保甲法，并嘉奖推行保甲得力的守巡湖西道右参政陶幼学、副使吴从宪等官员："再照弭盗之法莫如保甲，臣等节经申饬，每以此事稽各属之贤否，有司奉行者固有，而玩愒者尚多，如蒙天语一字叮咛，则群情自当万分加谨。伏乞敕下该部再加查议，如果臣等所言不谬，将陶幼学、吴从宪照例纪录，张振之等功过相准。其保甲之法俯从陈乞，再赐申谕，则地方可保无虞，而臣等亦借以逭过矣。"

此案上奏朝廷后，经兵部核审，除依照"强盗杀伤人枭首示众事例"将盗匪"艾锦三等即便会官审决枭示"外，对潘季驯推广强化保甲法实施的提议深为赞许："为照弭盗之法莫善于保甲，节经建议久已通行，所在地方官司自当奉行惟谨。间有狃于因循不加整顿，司捕者既不能缉获以除奸，司察者又不能穷诘以止暴，致寇之端未必非此况。据江西前事，保甲之验又足征矣。今该科臣论列无非先事慎防，时加警策之意，相应申饬合无备行省直抚按衙门，行令各属地方等官，务将保甲之法严行修举，如一家被盗，众则救之，一人行盗，众则攻之。比闾族党之中，寓伍两族旅之意。苟有吴越不关，守望不助，遇寇而闭户不闻，知寇而不行觉发，各坐应得罪名。至于巡捕巡检等官务要各专捕察，不许营干差委，避事畏难。江山险僻之处多为盗薮，务要严为防范；任侠浪闲之辈多起盗心，务要严为禁戢。其有循良之吏能化强梗者，抚按官特加优荐，悉如所议。"①

内地如此，沿海地方亦然。《筹海图编》记述："太仓生员毛希秉云：凡海贼一起，陆地贼乘机窃发，假海贼之名以纵暴，地方不能抗御，惟保甲可以除之。如太仓初编保甲，陆地贼无所容身，逃缢擒首，散亡略尽，尝有海贼廿人夜劫城南十八都时，其家潜报保甲、总甲及有船者，预待贼出，追之，且击且行，逐至海口。天明贼之器械尽矣，把港百户陈璋鼓率人船直追半洋擒回送道。又十五都沿江地方，白昼有海贼上岸打劫，适潮落舟阁，被保长尽数擒获，此皆从来未见之事，而保甲之功大矣。"② 可见，推行保甲制的成效，是朝廷、地方官员和有识之士有目共睹的。

二　保甲法实施的弊端

不可否认，保甲法的实施中存在着诸多弊端，严重影响其实施成效，进而使之渐成空文，甚至带来扰民害民的恶果。"保甲之法今有司固有行之者矣，然卒虚文鲜实。又其行者去而继者未必行也，之其效罕睹焉"③，"今保甲之令岁岁下矣，保甲之册邑邑具矣，乃奸盗如故，讥察鲜效"。④ 当时不少人已关注保甲制实施的利弊问题，并做了针对性

---

① （明）项笃寿：《小司马奏草》卷二《题为恭际明时馨陈愚悃以仰裨圣治事》。
② （明）郑若曾：《筹海图编》卷十二《行保甲》。
③ （明）许国：《条上弭盗方略》，载陈子龙《明经世文编》卷三九二。
④ （明）郭子章：《保甲·东越保甲》，载陈子龙《明经世文编》卷四百二十。

地分析，除了上文耿定向提出的"七弊""三疑"外，还有一些代表性观点。

吴应举指出保甲制推行中的"三善二弊"：

> 保甲之行有三善焉：夫盗贼之所以滋者，法网疏而奸宄之出入靡所稽也，今使同保之中钩校而互察之，捕奸者有赏，不发奸者有罚，人情鲜不自爱，谁肯苟容者？如是则奸宄何所入？奸宄无所入，则盗贼不禁而自息，保甲之善一也；民生无常业则纵，纵则易去而为奸，今保甲既行，令各开其丁男之数与其衣食之业、出入远近之期，悬书于门，即有游惰作奸不得而隐，保甲之善二也；无事而相与厉众读法，劝善规过，足以成礼俗而消讼争，有事则相望相助，患难相恤，亲睦之情既洽，则德让之化可兴，保甲之善三也。如是虽熙、丰所建，吾安得而尽废之，乃所以行之。今而不善者，其弊可知也夫：为一里之望者，然后可以联属一里之人，为一乡之望者，然后可以联属一乡之人，而今之所为长若正者，则皆市井无赖人耳，强者武断乡曲，既恣睢而为奸，至其弱者又阘茸而无能为也，此其为弊一矣；夫保甲为民而设，非以备公家使令也，而今之为有司者往往徒隶视之，乃至调以他役，加以别需，民谁胜任此而乐于应也？此其为弊二矣。此二弊不去，则保甲终不可得而行。①

徐日久认为：

> 至从来异议以保甲为诟病者，谓教法之难不足为苦也，而羁縻

---

① （明）张萱：《西园闻见录》卷九十八《缉奸》。

之虐有甚焉，鞭笞之酷有甚焉，诛求之无已又有甚焉，衙门之索诈又有甚焉，官府之不情又有甚焉。①

吴应箕指出：

> 保甲今尝行之，然皆视为故事，故行之不严亦不久，又不能因民俗为变通，故行之不精亦不密。夫十家一牌，牌开姓名生理，便于稽核，又门设器械，使缓急相助，失贼者连坐，常法也。今十家常相辑乎？常相助乎？常失贼连坐乎？所谓不严亦不久也。且此仅可行于城市耳，能行于乡曲乎？此不精亦不密也。②

葛曦不仅明确分析了保甲制的利弊，也具体指出了克服弊端的对策，较他人更为深刻：

> 今令十家为甲，甲有首；各乡为保，保有正，丁籍分明，器械有饬，大小相维，统属联络如臂使指，如常山率然首尾相应，寇至一家，环数十家共扑之，与一身一家自与敌角，强弱倍蓰，不将闻风远遁，裹足而弗入乎？利一；夫盗不自盗，必有为之乡导招延者，大抵有所容则潜城匿市得以藏奸，无所稽则蚁聚乌合任其伺隙。今令丁男有数，术业有考，出入远近有期，招揭门墙互相觉察，其有游惰作奸者何以自掩，而商贾行旅纠结物色，或有容奸治以连坐，即巨猾巧探安所驻足？利二；外患不入，内奸不出，男耕女织力其本业，患难相恤，出入相维，讵惟百室充盈，妇子宁止，而衣食多赖，风教可兴，亦足为化民成俗之助，利三。盖平居则习

---

① （明）徐日久：《鹗言》卷六《有司·保甲》。
② （明）吴应箕：《楼山堂集》卷十二《江南弭盗贼议》。

成周之党正而率众相与读法，值警则出师徒一比闾而容民即以畜众。上无征调之繁，下无迁徙之苦，民无科派之扰，官无供亿之烦，保甲可行，兹非彰明较著者哉！第其法久弊生，渐失初意，催科政急，移保甲之税以充课；徭役繁夥，搜保甲之丁以为徭，而保正朘削，吏胥需索，哗嚣躐突，民始告病。以民之病也，遂曰法病，不知非法之病，乃有司之病法耳。

今之议者曰宜稽察户牒、清理甲榜、编审丁壮、更置首领。愚则以为保甲相守本为民计，非若均徭编派为国计也。故民自事，其事则见其省便；官为之事，其事则见其烦扰。为今之计在有司得人，尤在听民自便。所谓人者非欲其见事风生，喜纷更苛察以为能也。贤在安静不为烦扰，但慎保甲之举，重渔猎之罚，务使穷民经年不见吏，然后可以乐业。所请清稽编审不必官为之，以滋吏胥之奸也。所谓便者非欲其伸缩自由，若不为刑罚所加也，毋调以他役，毋扰以他需，籍在各保而不在官，官治以法而不与其事。彼人自保其家，鲜有不力者。①

笔者以为，要分析保甲制的利弊，须从法制史视角探悉中国古代法律的实效问题。某些法律缺乏实效，是中国古代法律史的一个重要现象。瞿同祖先生指出："研究法律自离不开条文的分析，这是研究的根据。但仅仅研究条文是不够的，我们也应注意法律的实效问题。条文的规定是一回事，法律的实施又是一回事。某一法律不一定能执行，成为具文。社会现实与法律条文之间，往往存在着一定的差距。如果只注重条文，而不注意实施情况，只能说是条文的，形式的，表

---

① （明）葛曦：《葛太史公集》卷二《保甲议》。

面的研究，而不是活动的、功能的研究。我们应该知道法律在社会上的实施情况，是否有效，推行的程度如何，对人民的生活有什么影响等等。"①

法规得到有效的实施，需要国家权威的立法、各级行政机关的执法与民众的守法三个环节构成一个有机的整体，缺一不可。"法律常常是无能为力的，法在制定之初就注定不会起作用，因为立法者对法律作用寄予过高的希望，而保证有效施行法律的必要条件，如适当的初步调查、宣传、接受及执行机构的不足，则注定了法的命运。"② 由于明代的保甲制并未成为国家统一制订、全面实施的法律规范，而完全由地方官府根据辖区的形势特点设计施行。保甲法的立法者，是各级地方官府，执法者包括相关的地方官吏与保甲组织头目，而守法者则是各阶层的民众。立法、执法、守法过程中的各种弊病，使保甲法成为具文，甚至成为扰民恶法。笔者总结归纳，保甲制的弊端主要存在于以下三个方面。

（一）保甲制立法中存在的弊病

1. 保甲法规的时效性和划一性

研究表明，保甲制在明代并未形成长期有效、划一实施的法规，而是由地方官各行其是，带有极强的应时性，因而具有实效短、实施不稳定、条规多变的特征。以上文研究的福建保甲法为例，万历年间保甲法在该省多番推行，前任官员与继任官员颁行的保甲规程往往差异较大，不能有效承接。此外，即便一省之内，各府州县保甲法施行力度各异，

---

① 瞿同祖：《中国法律与中国社会》，导论，中华书局 1981 年版，第 2 页。
② ［英］罗杰·科特威尔：《法律社会学导论》，潘大松等译，华夏出版社 1989 年版，第 58 页。

保甲条规互不相同，势必给相邻地域的协作造成困难，影响保甲法的实施效果。

2. 保甲法规的可操作性

假如法律条文缺少现实社会中的可操作性，那么只能沦为一纸空文。保甲规条的制订并非易事，在内容上要力求周全具体，令民众遵照实施，同时必须立足于当地社会的实际情况，而不应过分影响民众正常的生产生活。明代中后期南方许多地域商品经济繁荣，工商业日渐发达，民众迁移流动频繁，例如，闽浙沿海百姓长期有出洋贸易谋生的传统，如果在推行保甲制时片面强调户口管控，对正常的商贸往来加以阻挠限制，当地大批民众的生计势必大受其害，保甲法自然不会受到欢迎，即便大力强制推行，也会在基层广受敷衍抵制。此外，保甲武装的日常操练如果过于频繁、保甲条规如果过于苛细烦琐，影响农时，妨碍生活，日常可操作性较差的话，其实际效力同样将大打折扣，无法持续长久。

笔者在研究中发现明代保甲制立法存在的另一重要弊端，就是缺少对于经费的规范。明代保甲制的产生，固然很大程度出于国家财政紧张，无力培植大规模的正规武装和侦缉人员，因而采用广泛的民间动员方式。然而，编造保甲户口册籍所需的纸笔、器械的配置、防御工事的营建和修缮、保甲头目的工食开支、有功人员的奖赏等，无一不需经费投入。然而笔者所见的保甲条规中，除个别条规涉及经费来源外，多数对此均无任何规定。① 诚然，即便将保甲制实施的经费视为"取之于

---

① 即便有所规定，也相当简略，如《鷺言》中规定："器械责成于殷实之家，惟所用器而坏者责成修葺，至于保安田里所贵恬如无事，巾袍等项悉如常服，不许效兵士装饰，纸墨等费则每亩二文钱内支销，凡演艺之日，保长、正自备桌椅，并不许以顾儌为名及搭盖棚厂等项致有科派。"（明）徐日久：《鷺言》卷六《有司·保甲》。

民，用之于民"，那也应当明确其来源（摊派方式）和数额，规范其使用方式，否则难免给官吏、里甲头目借机需索、中饱私囊埋下隐患。此外，缺少物质奖励的"轻赏重罚"模式也难以激励民众检举不法行为、抵御盗匪的积极性。

（二）保甲执法中存在的弊病

1. 官吏的不作为与乱作为

执行保甲法的地方官员，有忠于职守者，也有玩忽职守，不作为或乱作为者。官吏在保甲制实施中的不作为，主要体现在认为保甲法是并无实际必要的扰民之举，故消极应对上司颁行的保甲条规，在实施过程中虚应故事，对日常实施情况不加监督，对实施不力者不加追责的行为。"夫城市之内，甲册具矣，而稽察不时，则奸细藏伏而莫知；乡落之远，甲册亦具矣，而点视不亲，则恶人挂漏而无统。"①

官吏在保甲制实施中的乱作为，表现为两种形式。一是保甲法实施中的贪功冒进，滥施威逼。如前述耿定向"七弊"所谓"既编之后，有司烦苛者令之朔望点查，不恤其奔走之苦"，"逋负滞狱，有司力不能致，则又督之拘捕，或重其违慢之罚，或起其仇怨之讼"，"平时编审未详，号令未申，觉察不预，一旦有虞，则比屋执而棰楚之，幽求之，且罪罚之曰，此近奉连坐法也，舍奸仇，害无辜，商君之法亦不如是矣"。又如明末杨嗣昌指出："练乡兵必始于行保甲，而有司不知其意，故不善于行……说保甲便去比较，有比衣帽者，有比器械者，有比甘结者，种种不可枚举，日日惟见扰民。"② 如此，官吏对无辜民众的伤害更甚于盗贼，"乡鄙之地，庐烟星落，守望甚难，中盗失救，吏奉

---

① （明）陈邦彦：《严保甲》，载《陈岩野集·保民篇第三》。
② （明）杨嗣昌：《杨文弱先生集》卷二十二《南方盗贼渐起疏》。

三尺随之"，滥施威逼导致的结果是，"再后有失，民相沈匿不敢告矣，是本禁盗而反借盗资也"。[①] 二是借实施保甲法之机勒索地方，加捐派役，如耿定向"七弊"所谓"佐贰首领取其见面纸赎，不恤其诛求之苦"，又如"调保丁以为役，科丁赋以充需，胥徒踵至，鸡犬不宁，是本强兵而反缘兵扰也"[②]，"法久害生，丞尉四乡编造保甲册，官有供给之费，有夫马折程之费；从役有酒食赍发之费，衙胥责之保长，保长责之编户，居民营免不得，相率而逃，昔之良法，今之弊政"。[③] 这两种乱作为，都难免引发民众对保甲制的反感和抵触。

无论是不作为还是乱作为，都妨害保甲法的实施效果，使百姓难受其益，唯受其害。如郭子章指出："媮吏慢若刍狗，视为文具者，固不足诛，良吏行无左验，辄倦而弃去，而上之人不假之岁月，不宽之文法，故亦卒罔成功，而保甲之说穷矣。"他进而强调地方官员在保甲法实施中主观能动的领导职责："今之行法，其未严者，事忌动众，民难虑始，则骚扰之谤宜禁也；贼已就捕，纷员保结，则党恶之条宜绳也；匿奸不举，罪止议杖，则连坐之法宜峭也；寇至荼毒，连罚众保，则坐视之律宜深也；郡邑选愞，不行其野，则降罚之格宜申也。夫法不备，即必行之威，无以收苟且之效，行法不严，即已备之法，无以胜姑息之弊。"[④]

2. 保甲头目的选任问题

保甲组织的头目（甲长、保长、保副等）是基层的执法者。其选任方式各异，从前文述及的保甲规程来看，大体有以下三种。（1）由保

---

① （明）叶向高：《苍霞草》卷二《保甲议》。
② 同上。
③ 光绪《霍山县志》卷十四。
④ （明）郭子章：《保甲·东越保甲》，载陈子龙《明经世文编》卷四百二十。

甲内人户轮流负责，典型者如王守仁的"十家牌法"，又如朱纨规定"每一牌年轮一名为甲长，管领九家；每十牌年轮一名为保长，管领百家"。(2) 在民众推选的基础上由官府任命，如万历年间山西吕坤推行的保甲法规定："十家内选九家所推者一人为甲长。"① 又如前述郭应聘的乡约保甲法规定："约长、约副不问乡官举贡生员，凡有恒产而行义，为一乡信服者皆可推举，县官以礼而敦请之……一甲又推有身家者一人为甲长"。(3) 由官吏直接拣选委任，如《宁波府通判谕保甲条约》规定："保长、保副、甲长、甲副皆经慎选有行止、为人信服者充之。"又如隆庆《永州府志》中保甲法规定："一甲之中就其十家择稍有行止才力者为甲长，大率十甲为一保，就在各甲又择行止才力之优者一人为保长。"

保甲头目作为官府统治力在民间的延伸，承上启下，是保甲法最为重要的执行者。故此选任保甲头目的条件，总的看来，无外乎"众所推服""殷实有力""行止端正"等。也就是说，一方面，需要有良好的品行，为官府所信任；另一方面，需要相当的乡里威望，为民众所拥护，有能力领导乡邻防御盗匪，打击不法行为。众多保甲条规中都强调防止地痞无赖充当保甲头目，如张时彻提出："乡总、乡副、保长仍要将平素身家无过者遴选充当，不许听令积年狡猾棍徒营充，只为民害。"又如石茂华在陕西行都司推行的保甲法规定："保正、副量免杂泛差役，勿听无赖之徒营充以为罔利之媒。"又如隆庆《永州府志》中保甲法规定："总甲、保长、甲长人等俱不许用积年包当扰害地方。"对于保甲头目的职责，保甲条规往往也限定为稽查防御，严禁插手词讼，"武断乡曲"和借机"科索财物"。地方官吏明白，保甲头目胜任与否，是保

---

① （明）吕坤：《实政录》卷五《钦差提督雁门等关兼巡抚山西地方、都察院右佥都御史为申明乡约保甲以善风俗、以防奸盗事》。

甲法在基层能否有效执行的一大要件。

上述地方官员在保甲头目的选任上可谓煞费苦心，但结果常常事与愿违，在基层充当保甲头目者，实际上仍旧多为缺才寡德的地痞无赖之辈。"夫今乡聚亦有保甲等号矣，然皆照里图名色苟且塞责，其人行能类皆猥劣，而事权又不相统，民之多盗，政为多此等有名无实之辈也。"[1] 保甲头目不得其人，原因有以下三个方面。

一则保甲头目职责重大，事务繁杂，风险较高。保甲头目平时担负保甲内的日常户口稽查和查举不法行为的职责，事无巨细均要留心过问，此外还要负责保甲壮丁的日常训练，一旦发现盗匪侵扰，就要率领众人抵御捉拿，这无疑是一项苦差和险差，也非普通的平民百姓所能胜任。

二则保甲头目缺少合法收入，官府对其"轻赏重罚"。充当保甲头目没有工食银，纯属无偿劳动，官府至多对其"量免杂泛差役"。多数保甲条规并未规定奖励措施，或者虽规定对执行得力者给予嘉奖，但条件严苛，待遇微薄。然而，保甲头目一旦出现过失，如没有察觉举发保甲内部的不法行为，或是有其他执法不力的情形，就要承担连带法律责任，受到官府惩处，如无一定的身家财力，亦难以承当，但反过来，一旦承当往往即有破产之虞。

三则保甲头目社会地位普遍低下。在明代，保甲头目并非官吏，与固有的里长类似，更近乎一种职役，尽管不少官员在推行保甲法时均提出优待保长，但在众多官员和士绅眼中，保甲头目与衙门中的皂隶、禁卒一样，是地位低下的供人驱使者。"今有司视保长至贱，麾斥谴诃，曾不比于人类，是故中人皆耻为之。其应役者，大率桀黠无赖之辈，德

① （明）吴应箕：《楼山堂集》卷十二《江南弭盗贼议》。

不足以服人，言不足以征信，籍伍虽具，而其实与无保甲同。"① 保甲头目受到士绅乃至官员轻视，无力对士绅阶层开展管控监督，如果因履行职责触犯官绅权威，往往遭到后者打击报复，这一点从下述轶闻中可以充分体现：

> 先生（笔者注：指万历时人屠羲英）按湖时，群小望风搜诸生过失。一生宿娼家，保甲爽昧两擒，抵署门，无敢解者。门开，携以入，保甲大呼言状，先生佯为不见闻者，理文书自如。保甲膝行渐前，离两累可数丈。先生瞬门役，判其臂曰：放秀才去。门役潜趋下引出，保甲不知也。既出，先生昂首曰："秀才安在？"保甲回顾失之，大惊不能言，与大杖三十，荷校，并娼逐出。保甲仓皇语人曰："向殆执鬼。"诸生咸唾之，而感先生曲全一酒色士也。士亦自惩，卒以贡为教官。②

从前文的多处保甲规条来看，娼妓乐户是保甲稽查的重点，而生员嫖宿乐户之家，既悖于礼教，又触犯法律，应受到惩处。保甲头目将生员押解官署，恰为履行职责之举。但主管官员非但未对生员依法惩治，暗中将其私行释放，反而在戏弄保甲头目之余，"与大杖三十，荷校，并娼逐出"，尽职的保甲头目还被"诸生咸唾之"。由此可见保甲头目在部分官员与士绅阶层心目中地位之低下，因此为众多在乡里有能力、有威望者避之不及。

综合上述几点，保甲头目为一般平民百姓理所当然视为畏途。士绅视其为俗务贱业，凭借优免特权，通常更不会出任保甲头目，则保甲头

---

① （明）陈邦彦：《严保甲》，载《陈岩野集·保民篇第三》。
② （明）朱国祯：《涌幢小品》卷十一《秦屠出入》。

目之职最终只会落到地痞无赖之手，企图凭借执法权力谋取私利，欺下媚上，正如前文耿定向所言，"彼善良富厚者率不愿为长正，乃故持之，责以贿免，而素行无赖思借名号以武断乡曲者，则又往往匿赂举报，此辈既以豪举倚法作奸，我民多为鱼肉矣"。地痞无赖充当保甲头目，横行不法，使得"保长之弊不可胜举，有偷安坐视漫不事事者，有武断横行莫可谁何者，有躬为逋主，乡人明知而莫敢言者。一遇失事，或惧罪不举，或受贿纵容，甚至发觉擒获之后，反与盗贼、民捕表里作奸，恐吓失主，需索甲夫，诬害平民"。① 如此，保甲制在基层自然沦为扰民恶法。即便部分保甲头目并非恶人，但受到保甲内士绅大族与不法势力的制约、威胁，难以依法履行职责，只能敷衍应对，"不求有功，但求无过"。如前文叶春及所说"竟［境］中盗贼闾里轻侠，恶保长等发其根株窟穴，每以报复虚喝。豪杰大姓据执自尊，与愚民不用命者，亦各挟持长短谤议蜂起。故保长等以家为念，畏缩不事，阻堕公法"，或是如明末侯岐曾所谓"甲长、约长之名，纷然所给版册，输半日暇，记名姓而已，过则怀而卷之，户口勿及稽也，藏匿勿连坐也，匝月勿上报也，出入勿相知也"②，保甲法在基层亦难以有效实施。

（三）民众守法中存在的弊病

1. 士绅阶层的干扰与抵制

士绅在明代基层社会中发挥着重要作用。明代的各级地方官府是小政府，官员数量、行政能力都相当有限，诸如地方基础设施建设与赈灾应急事务等都有赖于地方士绅的支持。如果没有士绅大族协助，地方官可谓寸步难行。士绅在民间，尤其是乡村地区，往往垄断话语权，具有

---

① （明）黄承玄：《盟鸥堂集》卷二十九《公移·约保事宜》。
② （明）侯岐曾：《保甲条议序》。

极高的权威。

地方官员推行保甲制的过程中，不可避免地侵犯到当地士绅大族的某些权威或利益。例如，因保甲制需要建立严密、实态的户籍登记体系，那么士绅的家庭户口情况就必须和其他平民百姓一样，一体登记造册，并接受保甲头目的日常稽查管理。又如，保甲制与武装动员密切结合，即便士绅本人凭借优免特权豁免武装训练、抵御盗匪的责任，士绅的家属、仆役仍须依法承担相应的义务。除此之外，一些大族富户，如耿定向在"三疑"中指出的，"自恃垣墉不虞寇患，则曰此特为下户谋也，而不知恤其邻之小"，或"疑有司执籍以料民增徭，则隐其丁口不以报"，担心官府于户口登记时掌握其隐匿户口、逃避赋役的行为，故对保甲法的实施采取消极敷衍的态度。

更有甚者，东南沿海地区的不少士绅望族参与海外贸易，在朝廷实施海禁之后仍然私下参与走私活动。保甲制的推行，不仅影响其在乡间的权威，更严重损害其经济利益，因此敌视保甲法，积极抵制保甲法的实施，甚至隐匿包庇不法分子。而基层里甲的头目，或由士绅亲族充任，或完全依附于士绅，根本无力与之抗衡，"闾右之豪奔走下民如驱役隶，又其人即正与长也，即有所藏匿，民惧见螫，敢谁何乎？是本弭奸而反为奸薮也"。① "夫江南诸郡民多乡居，大姓至于万人，小者亦有百家，而盗贼多出于大姓，盖负其族众而庇厚，又势要藏匿之者多也。"② 又如黄承玄所说：

> 宦家右族或有成心而硁硁于体面之说，稽察及其子孙，则以为坏其家之体面；稽察及其姻邻，则以为坏其乡之体面；稽察及其佣

① （明）叶向高：《苍霞草》卷二《保甲议》。
② （明）吴应箕：《楼山堂集》卷十二《江南弭盗贼议》。

奴，则以为坏其主之体面，保甲将安施哉？况外盗无因不能径入，必有奸细为之勾引，戈矛戎敌伏在左右而主者竟不之疑，或多方挪揄以缓我之捕，或漏泄机关以隐彼之藏，盗之不得多坐此弊。①

鉴于士绅大族在基层社会的影响力，他们对保甲法积极抵制或消极敷衍的态度，使保甲法在基层的推行阻力重重，功效难以有效发挥。

2. 平民百姓对保甲法的抵制

平民百姓对保甲法的抵制，缘由较多。前文已述及，保甲制度的建立，究其实质，乃是国家政权鉴于行政能力有限，为维护统治，把原本由自身掌握的查举、打击犯罪活动的职责，强制转嫁给民间、乡邻的结果。专制制度下，民众无权参与保甲法的立法环节，合理表达其诉求，仅为国家强制力下单纯的义务接受者。广大民众在遭受盗匪烧杀掳掠时，为保障生命财产安全，固然愿意联合奋起反抗，保护桑梓，而当违法犯罪行为并非针对自身身家时，则或徇于私情，或唯恐生事，往往不愿主动干涉。

此外，当保甲法规对百姓身家利益带来负面影响时，民众也会消极应对。笔者归纳的保甲四要素中的每一项，都可能引起百姓的疑虑、顾忌和不满。前文提及的叶春及曾说："职到任即甲其民，民皆蹇而难之，谓黄册造将籍而役我，一旦有警，将驱我于戎行。"实行严密、时态的户口登记，百姓唯恐暴露其隐匿户口、逃避赋役的行为，受到官府追究；监督邻里、查举犯罪，百姓顾忌得罪恶人，招来报复；武装动员，百姓惧怕抵御盗匪遭受伤亡，顾虑参与武装训练影响生计，"其不报者非真顽不率，不援者非真悍不顾也，守望无虞，填入户口，邻圉有警，

---

① （明）黄承玄：《盟鸥堂集》卷二十九《公移·约保事宜》。

动辄征发，民即有死不尽报。阖门下楗，罪止入锾，午夜出斗，生死呼吸，民岂肯以死博金哉？故罪之益严，而匿之益深，治之愈急，而援之愈缓，其势然也"。① 尽管官府以连坐法或其他法律手段强化保甲法的实施效果，但百姓出于自身身家利益的维护，权衡之下，往往对保甲法持敷衍的态度，在尚未遭受盗匪直接威胁时尤为如此。

再者，与富户的态度恰恰相反，耿定向"三疑"中提到"小户自恃其窦盗所不窥，则曰此特为富室计也，而不乐卫其邻之大"，这也缘于百姓对官府的不信任。诚然，一方面，明代官府推行保甲法，其根本目的在于通过加强户口控制，打击不法行为，从而维护社会稳定，巩固基层统治，其与广大百姓对安定生活的期盼有着利益上的一致之处，从而在某些时期（如盗匪侵扰时）能够得到民众的支持贯彻。而另一方面，保甲制也会因妨碍民众日常生活，增添百姓额外负担而引发民众的顾虑不满。在专制制度下，保甲法在立法、执法环节的重重弊端，广大民众既无立法参与权利，又无执法监督权利，部分官吏假借推行保甲制谋取私利，鱼肉百姓，或是在推行过程中方式失当，滥施威逼，都势必大大增加保甲法的负面因素，加剧百姓对保甲法的厌恶不满。那么保甲法的日渐具文化，就不足为怪了。

三 明代保甲制总括——兼论保甲制在清代的延续发展

明中后期人口管理制度，主要包括保甲制、总小甲制和人丁（丁口）编审等内容。人口管理制度在明代中后期发生重大变革，最大特点是形成以治安管理为主要职能的保甲制和以赋税（丁银、户口食盐钞等）征收为主要职责的人丁编审制，两者独立并行的格局，有着深远的

---

① （明）郭子章：《保甲·东越保甲》，载陈子龙《明经世文编》卷四百二十。

历史影响。

明清时期的州县官府作为"亲民"机关，主要有两大基本职能：一是财政职能，即向民间征收赋税，满足朝廷、各级官府和军队的运作开销；二是治安职能，即对辖区内的民众加以监督控制，打击违法犯罪，维持基层的局势稳定，维护民间的封建统治秩序。这两种基本职能在基层各有其运作体系，一般彼此独立，但相互也有较为有机、密切的联系。无论是赋税的征收还是治安的维护，都仰赖民间的支持，最终都要落实到各家各户。明代中后期官府对于民众丁口推行的编审制和保甲制，目的即分别发挥两者各自的优势，实现上述两项职能。

明代前期，里甲兼具赋税征收和治安维护的职能。明太祖设立黄册，由里甲组织编纂，定期对地亩和人丁实施编审，作为征发田赋和徭役的依据。而当时各地的治安维护主要依靠卫所、巡检司等军事机构，户口管理则依靠里甲体系，稍后里甲中亦设总小甲维护治安、打击不法行为。

明代中期，东南沿海海寇肆虐，北方边境深受蒙古游牧部族侵扰，西南各地亦多次爆发少数民族动乱和流民起义，全国（尤其是沿海沿边地区）治安形势急剧恶化。而与此同时，由于长期以来百姓逃避赋役，隐匿户口，黄册载籍日渐失实，官府对于户口的实际控制每况愈下，在赋税征收和治安维护方面均出现严重问题。加之明初建立的卫所系统趋于瓦解，面临纷至沓来的内乱外扰，官府往往疏于防范，疲于应对。

为强化治安管控，嘉靖之前已有不少地方官员尝试推行保甲法。嘉靖年间，在地方官员的大力推动下，保甲制大范围兴起，并逐步完善。隆庆、万历年间，保甲制在全国南北各地进一步推行，其中沿边沿海地区因形势需要，推行范围广、执行力度大、相关条款更为具体细致。保甲制对打击盗匪、维护治安乃至防灾救灾方面均具有一定功效，但其在立法、执法及守法各环节也存在诸多弊端，在基层的实施效果往往因官吏的敷衍、营私和民众的消极抵制而深受影响，有名无实，甚至沦为扰民恶法。尽管明代后期广泛推行保甲的倡议屡见不鲜，尤其在明末政权濒临瓦解之际各地又兴起了一轮推行保甲法的热潮。但总的来说，终明一代，保甲制基本上系地方官员应对治安形势的权宜之计，兴废无常，朝廷并未着手建立适用全国、划一推行的保甲法。

明代覆灭后，清代承继以往的人口管理制度，并逐渐制定出全国统一的实施规范。顺治元年清军入关之初，摄政王多尔衮即颁谕旨，令各地推行保甲制，并拟定划一的规程：

> 谕兵部：自寇贼作乱，奸宄日生，息盗安民莫如保甲为良法，尔部即行文各省直地方，府卫州县所属村镇庄屯，每十家立一甲长，百家立一甲总，稽察盗寇奸细，并无籍奸棍不法等事，及东来官军仆从私自还家者。如有前项事情，许邻佑报知甲长，甲长报知甲总，甲总呈报该管府卫州县官员。府卫州县官员审实，转呈兵部。若干家之中，有一家窝藏奸细、隐匿逃奴不报，九家及甲长、甲总俱治以重罪，其窝藏、隐匿之家定加等论治。特谕。①

部分学者将这一事件视为清代保甲制在全国统一颁行的伊始。但从现实状况来看，其时尚处于清廷与大顺、大西军及南明政权对峙时期，清廷的统治范围相当有限，纷乱动荡的局面下也难以令保甲制在民间有效实施。因此所谓"顺治元年令州县编置户口牌甲"，其实是北方个别

---

① 《摄政王令旨谕兵部力行保甲》，顺治元年八月初八日，张伟仁主编：《明清档案》，台北"中央研究院"历史语言研究所 1986 年版，卷册号：A001-090。另见《清世祖实录》卷七，顺治元年八月癸亥，表述稍有不同。

地方实行。①

康熙九年，清廷颁布《上谕十六条》，其中一项为"联保甲以弭盗贼"，要求各地基层严格实施保甲制。但当时清廷仍未在全国推行划一的保甲规程，具体的执行措施由各地方官员自行拟定。

清廷首次在全国颁行统一的保甲规程是在康熙四十七年，"（康熙）四十七年申行保甲之法，先是顺治元年即议力行保甲，至是以有司奉行不力，言者请加申饬。部臣议奏：弭盗良法无如保甲，宜仿古法而用以变通。一州一县城关各若干户，四乡村落各若干户，户给印信纸牌一张，书写姓名、丁男口数于上，出则注明所往，入则稽其所来，面生可疑之人非盘诘的确不许容留。十户立一牌头，十牌立一甲头，十甲立一保长，若村庄人少，户不及数，即就其少数编之，无事递相稽查，有事互相救应。保长牌头不得借端鱼肉众户。客店立簿稽查，寺庙亦给纸牌。月底令保长出具无事甘结，报官备查，违者罪之"。②

康熙四十七年保甲法的颁行，使保甲制由地方官自行拟定规程，自主施行，转变为朝廷制订划一规程，于全国统一推行。雍正二年清廷颁行《圣谕广训》，在民间深化保甲法的影响力，促进其施行。雍正四年保甲法的颁行，进一步巩固保甲制在全国范围的统一施行，扩大了保甲法的实施范围。各种保甲特别法将保甲制的实施对象扩大到归附少数民族、流动人口（山区海岛移民、水上居民、流动工商业者等）及士绅阶层，对保甲制在全国的施行起到极大的推动与完善。

清代前期，以赋税征收为基本职能的人丁编审和以治安维护为首要职责的保甲制仍为两套独立并行的人口管理制度。由于朝廷每年统计全

① 常建华：《清顺康时期保甲制的推行》，《明清论丛》第 12 辑，故宫出版社 2012 年版，第 323 页。

② 《清朝文献通考》卷二十二《职役》二。

国丁口（户口人丁）的数字来源于各地的人丁编审，加之其与赋税（丁银）的密切关联，因而当时人丁编审较保甲制而言意义更为重要，是清廷的基本人口管理制度。而康熙晚期"滋生人丁永不加赋"诏颁布后，随着丁银的定额化，人丁本身的财政意义消退；康熙末年增丁州县官员议叙停止后，附加于人丁的政治意义消除；乾隆初年推行来源于地方保甲烟户册的民数奏报制度后，人丁仅存的人口统计意义也变得无关轻重，"五年编审不过沿袭虚文，无裨实政"，最终于乾隆三十七年废止。保甲制自明代中期于各地施行，经历二百多年发展，至此方成为国家人口管理的根本制度。

参考文献

地方志

弘治《夷陵州志》

弘治《赤城新志》

弘治《八闽通志》

嘉靖《延平府志》

嘉靖《南宁府志》

嘉靖《贵州通志》

嘉靖《六合县志》

嘉靖《徐州志》

嘉靖《昌乐县志》

嘉靖《德化县志》

嘉靖《太平县志》

嘉靖《宁国府志》

嘉靖《尉氏县志》

隆庆《临江府志》

隆庆《永州府志》

隆庆《岳州府志》

万历《南昌府志》

万历《杭州府志》

万历《崇德县志》

万历《儋州志》

万历《括苍汇纪》

万历《云南通志》

天启《衢州府志》

崇祯《义乌县志》

崇祯《嘉兴县志》

崇祯《清江县志》

乾隆《龙岩州志》

乾隆《五凉考治六德集全志》第一卷《智集·武威县志》

光绪《霍山县志》

其他官修史料、档案史料

《历代明实录》，台北"中央研究院"历史语言研究所1983年版。

《御制大诰续编》，载张德信、毛佩琦主编《洪武御制全书》，黄山书社1995年版。

（明）李东阳等撰，申时行等重修：《大明会典》，中华书局1989年版。

（明）施沛：《南京都察院志》，《四库全书存目丛书补编》（73），齐鲁书社1996年版。

（清）张廷玉等：《明史》，中华书局2000年版。

《宁波府通判谕保甲条约》，载《天一阁藏明代政书珍本丛刊》(19)，线装书局 2010 年版，第 339—351 页。

《明徐州蠲免房租书册》（万历三十五年二月），载《中国史学丛书三编》，台湾学生书局 1986 年影印本。

题本：《兵部题行"兵科抄出总理巡捕太监马云程题"稿》（崇祯十一年九月二十九日），《明清史料》卷册：辛 05，第 403—404 页。

题本：《兵部题行"诘奸保甲最属弭患首图"稿》（崇祯十五年十一月十三日），《明清史料》卷册：乙 05，第 432 页。

时人著述

（明）蔡克廉：《可泉先生文集》，明万历刻本，（台北）"国家"图书馆藏。

（明）陈邦彦：《陈岩野集》，《顺德文献丛书》，顺德县志办公室 1987 年版。

（明）陈龙正：《救荒策会》，明崇祯刻本。

（明）陈仁锡：《无梦园初集》，明崇祯刻本。

（明）陈子龙：《明经世文编》，中华书局 1962 年版。

（明）范凤翼：《范勋卿诗文集》，明崇祯刻本。

（明）冯应京：《皇明经世实用编》，北京大学图书馆藏。

（明）海瑞：《海瑞集》，陈义忠编校，中华书局 1962 年版。

（明）葛曦：《葛太史公集》，《四库全书存目丛书》集部 170，齐鲁书社 1997 年版。

（明）耿定向：《耿天台先生文集》，明万历刻本。

（明）顾炎武：《天下郡国利病书》，黄珅、顾宏义点校，《顾炎武全集》12—17，上海古籍出版社 2012 年版。

（明）郭应聘：《郭襄靖公遗集》，《续修四库全书》1349 集部，上海古籍出版社 2002 年版。

（明）黄承玄：《盟鸥堂集》，明天启刻本，上海图书馆藏。

（明）李邦华：《李忠肃先生集》，清乾隆刻本。

（明）林希言：《荒政丛言》，中华书局 1991 年版。

（明）刘宗周：《刘宗周全集》，浙江古籍出版社 2007 年版。

（明）卢象升：《卢公奏议》，清道光刻本。

（明）吕坤：《实政录》，《北京图书馆古籍珍本丛刊》48，书目文献出版社 1998 年版。

（明）潘季驯：《潘司空奏疏》，《景印文渊阁四库全书》430，台湾商务印书馆 1986 年版。

（明）潘游龙：《康济谱》，明崇祯刻本。

（明）佘自强：《治谱》，《续修四库全书》753 史部，上海古籍出版社 1996 年版。

（明）沈榜：《宛署杂记》，北京古籍出版社 1980 年版。

（明）施沛：《南京都察院志》，《四库全书存目丛书补编》73，齐鲁书社 2001 年版。

（明）王守仁：《王文成全书》，《景印文渊阁四库全书》1265—1266，台湾商务印书馆 1986 年版。

（明）王世贞：《弇山堂别集》，魏连科点校，中华书局 1985 年版。

（明）王廷相：《浚川奏议集》，《四库全书存目丛书》集部 53，齐鲁书社 1997 年版。

（明）文林：《文温州集》，《四库全书存目丛书》集部 40，齐鲁书社 1997 年版。

（明）吴世济：《太和县御寇始末》，浙江人民出版社 1983 年版。

（明）吴应箕：《楼山堂集》，中华书局 1985 年版。

（明）项笃寿：《小司马奏草》，明刻本。

（明）徐日久：《鹭言》，《四库禁毁书丛刊》史部 23，北京出版社 1997 年版。

（明）许孚远：《敬和堂集》，（台北）"国家"图书馆藏。

（明）杨博：《本兵疏议》，明万历刻本。

（明）杨嗣昌：《杨文弱先生集》，清初刻本。

（明）叶春及：《石洞集》，《景印文渊阁四库全书》1286，台湾商务印书馆 1986 年版。

（明）叶向高：《苍霞草》，明万历刻本。

（明）俞大猷：《正气堂集》，清道光刻本。

（明）湛若水：《圣训约》，《明清广东稀见笔记七种》，李龙潜等点校，广东人民出版社 2010 年版。

（明）张时彻：《芝园集》，《四库全书存目丛书》集部 82，齐鲁书社 1997 年影印本。

（明）张萱：《西园闻见录》，民国哈佛燕京学社印本。

（明）郑若曾：《筹海图编》，李致忠点校，中华书局 2007 年版。

（明）郑若曾：《江南经略》，《景印文渊阁四库全书》728，台湾商务印书馆 1986 年版。

（明）钟化民：《赈豫纪略》，中华书局 1985 年版。

（明）周鉴：《金汤借箸》，清抄本。

（明）周瑛：《翠渠摘稿》，《景印文渊阁四库全书》1254，台湾商务印书馆 1986 年版。

（明）朱纨：《甓余杂集》，《四库全书存目丛书》集部 78，齐鲁书社 1997 年版。

（明）朱吾弼：《皇明留台奏议》，明万历刻本。

（明）祝允明：《怀星堂集》，《景印文渊阁四库全书》1260，台湾商务印书馆 1986 年版。

（清）陈梦雷：《古今图书集成》，台湾鼎文书局 1977 年版。

研究论文

［日］酒井忠夫：《明代前中期の保甲制について》，载《清水博士追悼记念·明代史论丛》，东京大安出版社 1962 年版，第 577—610 页。

［日］三木聪：《明末の福建における保甲制》，《东洋文库和文纪要》，《东洋学报》第 61 卷第 1·2 号（1979 年），第 67—107 页。

［日］井上彻：《黄佐"泰泉乡礼"の世界——乡约保甲制に関连して》，《东洋学报》第 67 卷第 3·4 号（1986 年），第 247—277 页。

陈学文：《明代一次市民意识的新觉醒——万历十年杭州兵变和民变研究》，《浙江社会科学》1992 年第 2 期。

陈宝良：《明代的保甲与火甲》，《明史研究》第 3 辑，黄山书社 1993 年版，第 59—66 页。

［韩］金钟博：《明清时代乡村组织与保甲制之关系》，《中国社会经济史研究》2002 年第 2 期。

黄志繁：《乡约与保甲：以明代赣南为中心的分析》，《中国社会经济史研究》2002 年第 3 期。

常建华：《明代江浙赣地区的宗族乡约化》，《史林》2004 年第 5 期。

［日］夫马进：《晚明杭州的城市改革和民变》，载［美］林达·约翰逊主编《帝国晚期的江南城市》，成一农译，上海人民出版社 2005 年版，第 60—96 页。

王裕明：《明代总甲设置考述》，《中国史研究》2006 年第 1 期。

刘道胜：《明清时期徽州的都保与保甲》，《历史地理》第 23 辑，上海人民出版社 2008 年版，第 152—160 页。

吴启琳：《传承与嬗变：明清赣南地方政治秩序与基层行政之演化》，复旦大学博士学位论文，2011 年。

常建华：《清顺康时期保甲制的推行》，《明清论丛》第 12 辑，紫禁城出版社 2012 年版，第 321—350 页。

陈瑞：《明清时期徽州境内的保甲制度推行与保甲组织编制》，《安徽大学学报》（哲学社会科学版）2012 年第 3 期。

研究著作

闻钧天：《中国保甲制度》，商务印书馆 1935 年版，"民国丛书"第四编第 23 册，上海书店出版社 1992 年再版。

瞿同祖：《中国法律与中国社会》，中华书局 1981 年版。

唐文基：《明代赋役制度史》，中国社会科学出版社 1991 年版。

马涛：《吕坤评传》，南京大学出版社 2000 年版。

冯贤亮：《明清江南地区的环境变动与社会控制》，上海人民出版社 2002 年版。

万明主编：《晚明社会变迁问题与研究》，商务印书馆 2004 年版。

陈锋主编：《明清以来长江流域社会发展史论》，武汉大学出版社 2006 年版。

刘淼：《明清沿海荡地开发研究》，汕头大学出版社 1996 年版。

栾成显：《明代黄册研究》（增订本），中国社会科学出版社 2007 年版。

［日］中岛乐章：《明代乡村纠纷与秩序》，郭万平、高飞译，江苏人民出版社 2010 年版。